आलोचक का दायित्व

आलोचक का दायित्व

डॉ. रामचन्द्र तिवारी
भूतपूर्व विभागाध्यक्ष
हिन्दी विभाग, गोरखपुर विश्वविद्यालय
गोरखपुर, उ.प्र.

लोकभारती प्रकाशन

लोकभारती प्रकाशन
पहली मंजिल, दरबारी बिल्डिंग, महात्मा गांधी मार्ग
प्रयागराज-211 001
वेबसाइट: www.lokbhartiprakashan.com
ईमेल : info@lokbhartiprakashan.com

शाखाएँ : 1-बी, नेताजी सुभाष मार्ग, दरियागंज
नई दिल्ली-110 002
अशोक राजपथ, साइंस कॉलेज के सामने
पटना-800 006
1, अनमोल सोराबजी संतुक लेन, मरीन लाइंस
मुम्बई-400002

प्रथम लोकभारती संस्करण : 2024

जे.के. आर्ट प्रेस
प्रयागराज द्वारा मुद्रित

ALOCHAK KA DAYITVA
by Dr. Ramchandra Tiwari

ISBN : 978-81-19996-20-9

मूल्य : ₹ 400

अनुक्रम

आमुख

आधुनिक साहित्य के सन्दर्भ में आलोचक का दायित्व का निर्धारण एक अत्यन्त विवादास्पद एवं जटिल प्रश्न है । कृति के सामान्य गुण-दोष, कथन से लेकर उसकी आशंसा, व्याख्या, मूल्यांकन, महत्त्व-प्रतिपादन, वस्तुरूप-विश्लेषण, सौन्दर्य-निदर्शन, संवेद्य तत्त्व-विवेचन तथा प्रभावाभिव्यंजन जैसे अनेक कार्यों की अपेक्षा आज आलोचक से की जाने लगी है। प्रस्तुत कृति में आधुनिक हिन्दी-आलोचना की परिधि में आने वाले विविध सैद्धान्तिक एवं व्यावहारिक प्रश्नों के विश्लेषण-क्रम में आलोचक के गहन दायित्व के आकलन की चेष्टा की गई है। लेखक ने आचार्य महावीरप्रसाद द्विवेदी, आचार्य रामचन्द्र शुक्ल, आचार्य नन्ददुलारे वाजपेयी, आचार्य हजारीप्रसाद द्विवेदी, डॉ० नगेन्द्र, डॉ० रामविलास शर्मा और डॉ० नामवर सिंह जैसे प्रख्यात् आलोचकों की सैद्धान्तिक मान्यताओं एवं व्यावहारिक समीक्षा-पद्धतियों के विश्लेषण द्वारा यह स्पष्ट करने की चेष्टा की है कि इन आलोचकों ने किस सीमा तक और किस रूप में एक आदर्श आलोचक के दायित्व का निर्वाह किया है। यह कृति हिन्दी के विवेकशील एवं आग्रहमुक्त सुधी पाठकों के बीच प्रतिष्ठा प्राप्त कर सकेगी, ऐसा हमारा विश्वास है।

प्रो० रामचन्द्र तिवारी

सरस्वती सदन
बेतियाहाता
गोरखपुर-273001

आलोचक का दायित्व

आलोचक रचना और उसके पाठकों के बीच सेतु के रूप में स्थित एक ऐसा अनावश्यक प्राणी है, जिसकी आवश्यकता बराबर अनुभव की गई है। अनावश्यक वह इसलिए है कि उसके बीच में आ जाने से पाठक रचना को अपनी दृष्टि से न देखकर उसकी (आलोचक की) दृष्टि से देखने लगता है। यदि उसके निर्णय निष्पक्ष और निर्भ्रान्त न हुए तो पाठक के मन पर गलत संस्कार पड़ जाते हैं। यदि आलोचक का व्यक्तित्व सबल है तो कभी-कभी उसके बाद की पीढ़ी के साहित्य-संस्कार पूर्वग्रह-युक्त एवं दूषित हो जाते हैं। फिर भी उसकी आवश्यकता इसलिए बनी रहती है कि अपने आदर्श-रूप में वह सामान्य पाठकों से भिन्न श्रेणी का एक सच्चा भावक और प्रतिभावान पाठक है। वह रचना के प्रति समर्पित काव्य-संस्कारयुक्त एवं विदग्ध सहृदय है। वह कवि या रचनाकार का समानधर्मा है। वह औसत पाठक से अलग एक आदर्श पाठक या ग्राहक है। आदर्श पाठक आचार्य, दार्शनिक, भाषाशास्त्री, इतिहासज्ञ और वैज्ञानिक पाठकों से भी भिन्न होता है। आचार्य किसी मूल्यवान एवं मर्मस्पर्शी रचना के प्रति भी इसलिए उदासीन हो सकता है कि उसे उसमें शास्त्र-विहित रचना-निपुणता का अभाव दिखाई पड़ता है। दार्शनिक को उसमें दर्शन-विशेष में मान्य क्रमबद्ध निर्णय-सरणि से प्राप्त तत्त्व का अभाव खटकता है। भाषाशास्त्री उसमें व्याकरण की कतिपय अशुद्धियाँ देखकर नाक-भौं सिकोड़ सकता है। इतिहासविद को उसमें ऐतिहासिक तथ्यों की कमी खटक सकती है। वैज्ञानिक उसमें मिथकीय परिवेश की व्याप्ति या तथ्य को संवेद्य बनाने के लिए प्रयुक्त कल्पना, बिम्ब या प्रतीक-विधान की जटिलता देखकर उसके महत्त्व को अस्वीकार कर सकता है; किन्तु एक आदर्श पाठक रचना को एक संश्लिष्ट इकाई मानकर उसके समग्र सौन्दर्य पर दृष्टि रखता है और रचनाकार के जीवन्त अनुभव का साक्षात्कार करना चाहता है। उसकी ग्रहणशीलता उसी कोटि की होती है, जिस कोटि की रचनाकार की सृजनशीलता। वह तटस्थ निष्क्रिय या

यान्त्रिक ग्रहीता नहीं होता, वरन रचनाकार की मनोभूमि में विचरण करनेवाला समशील भावक एवं सर्जक होता है। रचनाकार अपने जटिल अनुभव को शब्दों, आलंकारिक उक्तियों, बिम्बों, प्रतीकों एवं व्यंजक संकेतों के माध्यम से व्यक्त करता है और आदर्श पाठक उन्हीं अभिव्यक्त प्रतीकों के सहारे रचनाकार के अनुभव को ग्रहण करता है। एक आदर्श पाठक ही एक आदर्श आलोचक हो सकता है। इस रूप में उसकी स्थिति अपरिहार्य है।

आदर्श आलोचक का दायित्व रचना के मर्म का उद्घाटन करना है। रचना में निहित संवेद्य वस्तु की व्याख्या करना है। रचनाकार के मन्तव्य को प्रकाशित करना है। रचना के व्यंग्य को विवृत्त करना है। सही परिप्रेक्ष्य में आग्रहमुक्त होकर उसका मूल्यांकन करना है। इस प्रक्रिया में उसके सामने अनेक प्रकार कठिनाइयाँ आती हैं। कई प्रकार के प्रश्न उभरते हैं। सबसे महत्त्वपूर्ण बात यह है कि प्रत्येक आदर्श पाठक के काव्य या साहित्य-संस्कार किसी महत्त्वपूर्ण रचना या युग-विशेष की किसी विशिष्ट काव्य-प्रवृत्ति में निहित काव्य-संवेदना के आधार पर निर्मित होते हैं। ये संस्कार उसकी सीमा बन जाते हैं। वह किसी विशिष्ट काव्य-कृति या काव्य-प्रवृत्ति का मूल्यांकन करते हुए जिस काव्य-मूल्य का अनुसन्धान करता है, उसी के सहारे अन्य कृतियों का भी मूल्यांकन करने लगता है। परिणाम यह होता है कि वह परिवर्तित या नूतन काव्य-संवेदना को ग्रहण करने में असमर्थ होने के कारण नए युग के साथ नई संवेदना लेकर आनेवाली रचनाओं के साथ न्याय नहीं कर पाता। दूसरी बात यह है कि आदर्श पाठक या आदर्श आलोचक एक सम्भाव्य सत्ता है; वास्तविक नहीं। क्योंकि प्रत्येक प्रबुद्ध पाठक अपने पूर्व-युग की कालजयी कृतियों की काव्य-संवेदना से भी किसी-न-किसी रूप में प्रभावित रहता है। अनेक काव्येतर ज्ञानधाराओं के सम्पर्क में आने के कारण वह शुद्ध काव्य-मूल्यों को एकान्त महत्त्व नहीं दे पाता। काव्य या साहित्य के क्षेत्र में परम्परागत प्रतिष्ठित मूल्यों की उपेक्षा भी वह नहीं कर पाता। स्वयं अपनी समसामयिक आलोचना-पद्धतियों एवं जीवन-मूल्यों से भी वह जाने-अनजाने अवश्य प्रभावित होता है। इसलिए रचनाकार की सृजनशील-चेतना और आलोचक की ग्रहणशील-चेतना में स्तर-भेद स्वाभाविक है। इसीलिए आज तक विश्व के किसी साहित्य में किसी आलोचक की आदर्श आलोचक के रूप में प्रतिष्ठा नहीं हो सकी। बड़े-से-बड़े आलोचक पर किसी-न-किसी श्रेष्ठ साहित्यकार या कवि के प्रति न्याय न करने या न कर सकने का आरोप लगाया गया। प्रत्येक ख्यातिलब्ध आलोचक से स्वयं

उसके समसामयिक साहित्यकारों एवं कवियों में से अनेक को असन्तोष रहा। प्रत्येक परवर्ती आलोचक अपने पूर्ववर्ती और कभी-कभी समसामयिक आलोचकों की सीमाओं पर व्यंग्य करता रहा एवं त्रुटियों को उछालता रहा। अलग-अलग कवियों एवं काव्य-प्रवृत्तियों के पक्षधर आलोचक प्रसिद्धि प्राप्त करते और काव्य के भाव-बोध में परिवर्तन होने पर इतिहास-शेष होते रहे। इसीलिए साहित्य के मूल्यांकन की न कोई सर्वमान्य पद्धति निर्धारित हो सकी, न काव्य-मूल्य की कोई मान्य परिभाषा ही बन सकी। तात्पर्य यह कि अन्तिम रूप से आदर्श आलोचक के दायित्व का निर्धारण सम्भव नहीं है।

इस सन्दर्भ में रचना और आलोचना के लम्बे इतिहास को साक्षी मानकर व्यावहारिक दृष्टि से कुछ सूत्र दिए जा सकते हैं। एक श्रेष्ठ आलोचक अपने दायित्व का निर्वाह करते हुए (क) काव्य को परिभाषित करता है, (ख) परम्परागत मूल्यों का पुनराख्यान करता है, (ग) नए मूल्यों की स्थापना एवं नवीन पद्धति की प्रतिष्ठा करता है, (घ) काव्यानुभूति एवं जीवनानुभूति के सम्बन्धों की व्याख्या करता है, (ङ) काव्य के आस्वादन का स्वरूप निर्धारित करता है, (च) अवांछित पद्धतियों एवं मूल्यों का विरोध करता है, (छ) काव्यवस्तु और काव्य-शिल्प के संश्लिष्ट सम्बन्ध का विश्लेषण करता है, (ज) रचना-प्रक्रिया और प्रेषणीयता की व्याख्या करता है तथा (झ) कालजयी कृतियों और अपनी प्रिय रचनाओं का मूल्यांकन करता है। ये सारे कार्य एक-दूसरे से संश्लिष्ट रूप में सम्बद्ध हैं। विशेषतः व्यावहारिक समीक्षा में आलोचक की आलोचना-दृष्टि इन सबको संघटित एवं समाहित करके मूल्यांकन में प्रवृत्त होती है। यहाँ उनमें से कुछ का अलग-अलग उल्लेख करके हम आलोचक के दायित्व की गहनता का संकेत करना चाहेंगे।

वस्तुतः किसी आलोचक द्वारा प्रस्तुत कविता की परिभाषा में ही उसकी दृष्टि की नवीनता, काव्यादर्श का स्वरूप, मूल्य की समझ और बोध का अलगाव संकेतित होता है। परिभाषा, आलोचक की समग्र दृष्टि का बोध कराती है। गहरे दायित्वबोध से प्रेरित उसके अन्य कार्य इस परिभाषा की व्याख्या के साथ जुड़े होते हैं। इसीलिए काव्य की अनेक परिभाषाएँ होने पर भी प्रायः प्रत्येक महत्त्वपूर्ण आलोचक ने उसे अपने ढंग से परिभाषित करने की चेष्टा की है। अंग्रेज़ी में रोमैंटिक काव्य-प्रवृत्ति के पुरस्कर्ता वर्ड्सवर्थ ने यदि उसे मन की प्रशान्त स्थिति में सशक्त भावोद्‌गारों का स्वतः प्रसूत उच्छलन माना तो कोलरिज ने उसे रचना का एक विशिष्ट प्रकार माना, जिसका प्रस्तावित प्रत्यक्ष उद्‌देश्य आनन्द प्रदान करना होता

है। मैथ्यू आर्नल्ड ने यदि उसे काव्यात्मक सत्य और सौन्दर्य के नियमों द्वारा निर्धारित शर्तों के अन्तर्गत जीवन की आलोचना माना तो रिचर्ड्स ने उसे विलक्षण जीवनानुभव के क्षणों में मन की पूर्णतः सन्तुलित अवस्था की अभिव्यक्ति कहा। क्रोचे ने काव्य या कला को 'अभिव्यंजना' कहा तो ईलियट ने उसे व्यक्तित्व से पलायन मानकर निर्वैयक्तिक अभिव्यक्ति के रूप में व्याख्यायित किया। इसी प्रकार हिन्दी में संस्कृत के आचार्यों द्वारा प्रस्तुत अनेक सार्थक परिभाषाओं के होते हुए भी, आचार्य शुक्ल ने कविता की निजी परिभाषा दी और उसे 'हृदय की मुक्ति की साधना के लिए किया गया शब्द विधान' कहा। प्रत्येक आलोचक काव्य को अपने ढंग से इसलिए परिभाषित करना चाहता है कि युग की माँग की पूर्ति उसकी परिभाषा और व्याख्या द्वारा हो सके। प्रत्येक पीढ़ी परिवर्तित युग-बोध के कारण कविता से नई माँग करने लगती है। प्राचीन काल में मानव की जीवन-धारा इतनी तीव्र गति से प्रवाहित नहीं होती थी, जितनी वह आज है। इसलिए काव्य-संवेदना में किसी मौलिक या मूलभूत परिवर्तन की सम्भावना कम थी। फिर भी कभी आचार्यों को व्यक्तिगत आस्था एवं रुचि और कभी दार्शनिक या धार्मिक आग्रहों के कारण काव्यमत में परिवर्तन होते रहे।

आधुनिक युग में मानव-जीवन में नित्य नूतन परिवर्तन हो रहे हैं। विज्ञान ने हमारी जीवन-दृष्टि में आमूल परिवर्तन कर दिया है। जीवन यान्त्रिक होता जा रहा है। इसलिए काव्य और साहित्य से भी नई अपेक्षाएँ की जाने लगी हैं। उन सारे सिद्धान्तों, नियमों, विचारों और परम्पराओं को नकारा जा रहा है, जो मानवीय भावनाओं को नियन्त्रित एवं सीमित करती हैं। आज तक की सारी वैज्ञानिक प्रगति मनुष्य को सुखी नहीं बना सकी है। वस्तुतः वह उसके ध्वंस की भूमिका बन कर रह गई है। उसकी स्वतन्त्रता तो सीमित हुई ही है, उसका अस्तित्व भी खतरे में है। मनुष्य की स्वतन्त्रता का प्रश्न सबसे अहम है। साहित्य और काव्य को इसका समर्थन करना चाहिए। दूसरी दृष्टि यह है कि चिन्तन की सभी दिशाएँ—राजनीतिक, दार्शनिक, नैतिक, साहित्यिक-समाज के आर्थिक विकास की प्रक्रिया से प्रेरित और प्रभावित हैं। साहित्य भी समाज के आर्थिक सम्बन्धों की उपज है। आर्थिक दृष्टि से समाज में दो ही वर्ग हैं : शोषक और शोषित। इसलिए साहित्य को शोषित वर्ग के हितों से अनुप्राणित होना चाहिए। बहुतों को यह मान्यता कवि की स्वतन्त्र सृजन-चेतना के विरुद्ध प्रतीत होती है। विचारधाराओं की यह टकराहट आधुनिक काव्य-विकास के मूल में निरन्तर विद्यमान रही है। इस टकराहट ने ही

समय-समय पर आलोचकों को काव्य की नई परिभाषाएँ करने की प्रेरणा दी है। काव्यगत मूल्यों के पुनराख्यान या नए मूल्यों की स्थापना तथा काव्य-मीमांसा सम्बन्धी अन्य प्रश्नों के सम्बन्ध में दी जानेवाली नई व्याख्याओं के मूल में भी परिवर्तित युग-बोध या वैचारिक टकराहट ही कारण रूप में विद्यमान है। ईलियट ने जब काव्य में अनुभूतियों की निर्वैयक्तिकता पर बल दिया था और वस्तुनिष्ठ समीकरण (Objective Correlative) का प्रश्न उठाया था तो उनके सामने रोमैंटिक कवियों की अतिवैयक्तिकता से काव्य को मुक्त करने का प्रश्न था। इसी प्रकार जब रिचर्ड्स ने एषणाओं और वृत्तियों की तुष्टि करने के कारण काव्य को मूल्यवान घोषित किया था, तब उनके सामने आज के वैज्ञानिक युग में काव्य की उपयोगिता प्रमाणित करने तथा काव्य के सम्बन्ध में उठनेवाली आधुनिक मनोवैज्ञानिक जिज्ञासाओं के समाधान का प्रश्न था। आचार्य शुक्ल ने भी जब काव्य को हृदय की मुक्ति का साधन माना था तो उनके सामने कई प्रश्न थे। एक ओर तो उन्हें परम्परागत रस-सिद्धान्त के अनुकूल काव्य की व्याख्या देनी थी; दूसरी ओर काव्य के सम्बन्ध में हलकी धारणा का निराकरण करके उसे ज्ञान-साधना और योग-साधना के समकक्ष स्थापित करना था। तीसरे, आधुनिक युग-बोध को ध्यान में रखकर उन्हें काव्य की लोकबद्धता प्रमाणित करनी थी। मुक्त हृदय होकर ही लोक-सामान्य-भावभूमि पर संचरण किया जा सकता है। लोक-सामान्य-भावभूमि पर पहुँचकर अनुभूति के स्तर पर स्व और पर का भेद मिट जाता है और कवि की अनुभूति सबकी अनुभूति बन जाती है। इस व्याख्या ने भावदशा को ज्ञानदशा के समकक्ष प्रमाणित करके एक ओर काव्य को ज्ञान की अद्वैत साधना के निकट पहुँचा दिया (जहाँ से प्राचीन रस-सिद्धान्त का पोषण हुआ था), दूसरी ओर उसका सम्बन्ध लोक से भी जोड़े रखा, क्योंकि हृदय की मुक्तावस्था या शुद्ध अनुभूति की अवस्था हृदय का स्वार्थ-सम्बन्धों से ऊपर उठकर लोक-सामान्य-भावभूमि पर पहुँचना ही है, किसी लोकोत्तर आनन्दभूमि में प्रवेश करना नहीं। आचार्य शुक्ल के बाद छायावादी आलोचकों ने काव्य की स्वतन्त्र सत्ता घोषित की और उसे आत्माभिव्यक्ति के रूप में देखा तथा प्रगतिवादी समीक्षकों ने उसे सामाजिक यथार्थ की अभिव्यक्ति माना। इन दोनों ही मान्यताओं के मूल में क्रमशः व्यक्तिवादी और समाजवादी जीवन-दृष्टियाँ काम कर रही थीं। इन जीवन-दृष्टियों की टकराहट पिछले सौ वर्षों से विश्वस्तर पर काव्य-मूल्यों को प्रभावित करती रही है।

पिछले बीस वर्षों से 'नई कविता' और 'नए साहित्य' को केन्द्र में रखकर जो चिन्तन हिन्दी में हुआ है, ईमानदारी से देखा जाए तो उसके भीतर कहीं-न-कहीं लेखक कलाकार को वास्तविक जीवन-संघर्ष से अलग रखकर संकुचित-व्यक्तिवादी कला-चेतना की सीमाओं में बाँधने या इसके विपरीत उस जनसाधारण के वास्तविक जीवन-संघर्ष से जोड़कर मानव-समस्या को वाणी देनेवाली समाजवादी कला-चेतना की व्यापक परिधि में लाने के लिए भीतर-भीतर चलनेवाला शीत-युद्ध ही दिखाई देगा। इस शीतयुद्ध के मूल में मूल्य-द्वन्द्व की स्थिति स्पष्ट है। सम्प्रति व्यक्ति-स्वातन्त्र्य को चरम मूल्य माननेवाली विचारधाराएँ व्यक्ति की गरिमा की आड़ में कलागत मूल्यों को संकुचित करके उसे जनसाधारण के दुःख-दर्द की व्यापक और गहरी सम्पृक्ति से विमुख करना चाहती हैं। दूसरी ओर समाजवादी शक्तियाँ कला-चेतना की परिधि को व्यापक करके उसे मानवीय सत्य की सीमा तक खींच लाना चाहती हैं। सारा द्वन्द्व आत्मपरक एवं वस्तुपरक जीवन-दृष्टियों एवं मूल्यों को लेकर ही है।

नई कविता की प्रकृति का विश्लेषण करते हुए गजानन माधव 'मुक्तिबोध' ने कुछ क्षुब्ध होकर कहा है कि नई कविता में 'पर्सनल शिचुएशन' को महत्त्व देने की प्रवृत्ति इस सीमा तक बढ़ गई है कि वर्तमान जीवन की समस्याओं को व्यक्ति-स्थिति से हटकर मानव समस्या के रूप में देखा ही नहीं जा रहा है। 'मुक्तिबोध' कवि और आलोचक दोनों ही रूपों में प्रतिष्ठित हैं। इसलिए उन्होंने 'नई कविता' से जो माँग की है, उसका विशेष महत्त्व है। उन्होंने अपनी लम्बी कविताओं में इस माँग की पूर्ति की है। इन्हीं कविताओं को ध्यान में रखकर डॉ० नामवर सिंह ने लिखा है—"मुक्तिबोध की लम्बी कविताओं के रूप में मैंने काव्य के उन मूल्यों पर बल दिया जो अपनी दृष्टि में सामाजिक और वस्तुपरक हैं और आज के ज्वलन्त एवं जटिल यथार्थ को अधिक-से-अधिक समेटने के प्रयास में कविता को व्यापक रूप में नाट्य-विन्यास प्रदान कर रहे हैं।" डॉ० नामवर सिंह 'मुक्तिबोध' के आदर्श पाठक हैं और इसीलिए उनके आदर्श आलोचक भी। इन्होंने भी युग की माँग को ध्यान में रखकर ही एक आदर्श आलोचक के दायित्व का निर्वाह करते हुए 'नए प्रतिमान' की ओर संकेत किया है, वरन इस प्रतिमान की प्रतिष्ठा के लिए आनुषंगिक विचारक्रम में कविता को पुनः परिभाषित किया है, नए मूल्यों की व्याख्या की है, परम्परागत रस के प्रतिमान का पुनराख्यान किया है और उन सभी सम्बद्ध विषयों की गम्भीर मीमांसा की है, जिन्हें एक श्रेष्ठ आलोचक

के दायित्व-निर्वाह के लिए आवश्यक मानकर हम पहले उल्लिखित कर चुके हैं। यह कार्य अपनी शक्ति और सीमा के भीतर छायावाद और उत्तर-छायावाद-युग में आचार्य नन्ददुलारे वाजपेयी और डॉ० नगेन्द्र भी कर चुके हैं। लेकिन युग-प्रवृत्ति के परिवर्तन के साथ ही काव्य-संवेदना में परिवर्तन हुआ और एक समय आलोचक के गहन दायित्व का सजग और सतर्क होकर निर्वाह करानेवाले समीक्षक भी पीछे छूट गए। जीवन-प्रवाह के साथ यह क्रम बराबर चलता रहा है, चलता रहेगा।

परिभाषा और मूल्य की व्याख्या के साथ ही काव्य की प्रेपणीयता के प्रश्न पर विचार करना आलोचक का महत्त्वपूर्ण दायित्व है। काव्य को सहृदय संवेद्य होना चाहिए, यह मान्यता संस्कृत समीक्षा में भी स्वीकृत है। अंग्रेज़ी के प्रसिद्ध आलोचक रिचर्ड्स के अनुसार सम्प्रेषण तक घटित होता है, जब एक मन अपने परिवेश के प्रति इस प्रकार प्रतिक्रिया व्यक्त करता है कि दूसरा मन उससे प्रभावित हो जाता है और उसमें वैसी ही अनुभूति उत्पन्न होती है, जैसी प्रथम मन में प्रतिक्रिया व्यक्त करते हुए हुई थी। सम्प्रेषण की प्रक्रिया के घटित होने में प्रेषक रचनाकार की अनुभूति में सच्चाई और सघनता, उसकी अभिव्यक्ति में शक्ति और कौशल तथा पाठक में उसी स्तर का अनुभूति-संस्कार एवं ग्राहिका-शक्ति होनी चाहिए, जिस स्तर की रचनाकार में रचना एवं संवेदना शक्ति है। आचार्य शुक्ल ने इस प्रेषणीयता के सिद्धान्त के समकक्ष संस्कृत समीक्षा के साधारणीकरण सिद्धान्त को रखा था। उन्होंने काव्य में व्यक्ति-वैचित्र्य का विरोध इसीलिए किया था कि उसको स्वीकार करने से साधारणीकरण के सिद्धान्त के सामने प्रश्नचिह्न लग जाता था। नई कविता की समीक्षा करते हुए भी प्रेपणीयता का प्रश्न उठाया गया है। इसमें सन्देह नहीं कि काव्य की संवेद्य वस्तु का प्रेषणीय होना आवश्यक है, किन्तु इस सम्बन्ध में ध्यान रखना होगा कि व्यापक प्रभाव रखनेवाली (अर्थात् पूर्णत: प्रेषणीय मानी गई) रचनाओं में व्यक्त अनुभूतियों का ग्रहण भी पाठक के मानसिक स्तर-भेद के आधार पर भिन्न-भिन्न प्रकार का होता है 'रामचरितमानस' का प्रत्येक पाठक एक ही कारण से उसे महत्त्व नहीं देता और न वह एक ही स्तर पर तुलसी की अनुभूति से तादात्म्य करता है। दूसरी महत्त्वपूर्ण बात यह है कि कम प्रेषणीय मानी जानेवाली कृति अनिवार्यत: कम मूल्यवान हो, यह आवश्यक नहीं है। प्रेषणीयता का ते महत्त्व इसलिए मान्य है कि यह सिद्धान्त रचना को अतिवैयक्तिक होने से बचाता है। अतिवैयक्तिक अनुभूतियों की अभिव्यक्ति कवि और पाठक में ही दूरी उत्पन्न नहीं करती,

रचनाकारों को भी एक-दूसरे से अलग कर देती है प्रेषणीयता का सिद्धान्त इस बात का साक्षी है कि जीवन-स्थितियों में भिन्नता तथा चेतना-विकास की जटिल प्रक्रिया के कारण एक ही समाज में रहनेवाले मानवों के कला-बोध में अन्तर होते हुए भी कहीं-न-कहीं उनके मानसिक रचाव में एकता भी है। प्रत्येक युग की कलात्मक चेतना का धर्म है कि उसमें वैयक्तिक अनुभूतियों का सामान्यीकरण हो और व्यक्ति की समस्या को मानवीय समस्या के रूप में देखा जाए।

इधर काव्य-समीक्षा के अन्तर्गत काव्य की रचना-प्रक्रिया, शैली-तत्त्व और भाषा पर विचार करने की प्रवृत्ति उभर कर सामने आई है। आलोचना की पुस्तकों में इन विषयों पर विचार करने का फैशन-सा होता जा रहा है। उपर्युक्त तीनों तत्त्वों के अध्ययन के द्वारा काव्य-वस्तु को समझने की चेष्टा ही मूल लक्ष्य है। काव्य-रचना की मनोवैज्ञानिक प्रक्रिया का विश्लेषण रचयिता के मानसिक तनाव और उसके काव्य-प्रतीकों की सही पहचान के लिए आवश्यक है। इसी प्रकार रचनाकार के जटिल अनुभव के विश्लेषण के लिए शैली और भाषा तत्त्व का गम्भीर अध्ययन इसलिए आवश्यक है कि किन्हीं दो कविताओं की शैली और भाषा-भेद उनमें निहित अनुभव के स्तर-भेद का परिचायक होता है। उदाहरण के लिए, नई कविता-काल में लिखी गई प्रगीतात्मक छोटी कविताओं और फैन्टेसीधर्मा लम्बी कविताओं की लय, शब्द-योजना, वाक्य विन्यास और रचाव में जो भेद है, वह दोनों के संवेद्य-तत्त्व के अन्तर को स्पष्ट कर देता है। काव्य की रचना-प्रक्रिया, शैली-तत्त्व और भाषा-संवेदना का अध्ययन जितना आवश्यक और उपयोगी है, उतना ही गहन और जटिल। जरा-सी चूक पूरे निष्कर्ष में भारी भेद उत्पन्न कर देती है। उदाहरण के लिए 'मुक्तिबोध' की 'एक स्वप्न कथा' कविता के विश्लेषण-निष्कर्ष को सामने रखा जा सकता है। इस कविता में डॉ० रामविलास शर्मा को मनोविश्लेषणशास्त्र, रहस्यवाद, अस्तित्ववाद और मार्क्सवाद से सामंजस्य स्थापित करने का असफल प्रयत्न दिखाई देता है, तो डॉ० नामवर सिंह को उस कविता के भावजगत का ढाँचा अस्तित्ववादी ढाँचे के बाहर प्रतीत होता है। यह तब है, जबकि स्वयं 'मुक्तिबोध' अपनी इस कविता की रचना-प्रक्रिया पर विस्तार से विचार कर चुके हैं। इससे अनुमान लगाया जा सकता है कि आज आलोचक का दायित्व कितना गहन हो गया है। युग की परिवर्तित प्रवृत्ति और परिवेश के दवाब के साथ रचनाकार की रचना-प्रक्रिया और वस्तु-बोध में निरन्तर होनेवाले परिवर्तन के साथ

आलोचक को अपनी ग्राहिका-शक्ति एवं कला-चेतना को निरन्तर परिष्कृत और मार्जित करना पड़ता है। ऐसा न होने पर वह काव्य का दारोगा तो दूर, साहित्य का सिपाही भी नहीं रह जाएगा।

अन्त में निष्कर्ष रूप में हम कह सकते हैं कि रचनाकार का समानधर्मा होने के कारण व्यापक दृष्टि से देखा जाए तो आलोचक का दायित्व रचनाकार के दायित्व से सर्वथा भिन्न नहीं होता। यदि कविता एक सजग संवेदनशील प्राणी की अपने परिवेश के प्रति शाब्दिक प्रतिक्रिया है, तो आलोचना इस प्रतिक्रिया के सहारे रचनाकार के व्यक्तित्व का विश्लेषण। यदि कवि का या रचनाकार का यह दायित्व है कि वह अपने परिवेश के प्रति सजग हो, जीवन के यथार्थ को पहचाने, अपनी कला-चेतना को व्यापक मानवीय समस्याओं के सन्दर्भ में निरन्तर विस्तृत करता रहे और समाज की प्रगतिशील शक्तियों को पहचानकर उन्हें अपना नैतिक समर्थन दे, तो आलोचक का दायित्व है कि वह सच्चे संवेदनशील और मानव-समस्या को अपनी कला का धर्म बनानेवाले कवि की वाणी की पहचाने और उसे अपना नैतिक समर्थन दे।

आलोचना : स्वरूप और तत्त्व

आलोचना वह साहित्यिक प्रक्रिया है, जो काव्यगत सौन्दर्य का उद्घाटन, विश्लेषण एवं मूल्यांकन प्रस्तुत करती है। काव्यगत-सौन्दर्य के मुख्यतः तीन आधार होते हैं—1. मानव मात्र के अन्तस में विद्यमान वासना-प्रेरित सुख-दुःखमूलक मनोभाव 2. समाज के सांस्कृतिक विकास के साथ उद्भूत एवं विकसित होनेवाली वैयक्तिक एवं सामाजिक चेतना, 3. अभिव्यक्ति को सम्भव बनानेवाली भणिति-भंगिमा। इनमें से प्रथम अर्थात् आन्तरिक भावना को हम एक सीमा तक सार्वभौम एवं शाश्वत मान सकते हैं। द्वितीय अर्थात् वैयक्तिक एवं सामाजिक चेतना का सम्बन्ध उन नैतिक, धार्मिक, सामाजिक, वैयक्तिक एवं सामाजिक, आर्थिक एवं सांस्कृतिक मूल्यों से होता है जो युग एवं परिस्थिति के अनुसार परिवर्तित होते रहते हैं। तृतीय अर्थात् अभिव्यक्ति के साधन-रूप में हम काव्य की भाषा एवं शैली को स्वीकार कर सकते हैं। काव्य के तत्त्वों—भाव, विचार, कल्पना एवं शैली की स्थापना इन्हीं आधारों को दृष्टि में रखकर की गई है। वास्तविक आलोचना काव्यगत सौन्दर्य के उपर्युक्त सभी आधारों का विवेचन एवं विश्लेषण करके उनके महत्त्व और मूल्य का आकलन करती है। मूल्यांकन के लिए निश्चित एवं सर्वमान्य प्रतिमान का होना अनिवार्य चाहे न हो, किन्तु उसकी सम्भावना से हम उसी प्रकार इनकार नहीं कर सकते, जिस प्रकार मनुष्यता के सर्वमान्य आदर्श की सम्भावना से। जिन प्रतिमानों को सामने रखकर आलोचना की जाती है, उनकी स्थापना प्रायः काव्यगत-सौन्दर्य को आधार बनाकर ही की जाती है। इस प्रकार आलोचना के प्रतिमान काव्य में अन्तर्निहित मूल्यों के अनुवर्ती होते हैं। इसीलिए आलोचना के प्रतिमानों में कुछ तत्त्व ऐसे होते हैं, जिन्हें शाश्वत एवं सार्वभौम माना जा सकता है। इनका सम्बन्ध मानवीय संवेदना से होता है। जब हम सूर के काव्य का मूल्यांकन करते हुए कहते हैं कि उनका वात्सल्य-वर्णन सहज, मार्मिक एवं विश्वजनीन है, तो एक प्रकार से व्यापक मानवीय संवेदना से प्रेरित होते हैं। इसी प्रकार जब हम तुलसी के 'मानस' के सम्बन्ध में अपना निर्णय देते हुए कहते हैं कि यह व्यक्ति एवं समाज

की स्थिति एवं रक्षा के लिए विधि-निषेध प्रस्तुत करनेवाली अनुपम कृति है, तो एक प्रकार से व्यापक सामाजिक चेतना से प्रेरित होते हैं। बिहारी की वाग्विभूति पर मुग्ध होकर जब हम 'वाह! वाह!' कह उठते हैं तो हमारा ध्यान मुख्यतः भाषा एवं शैलीगत विशेषताओं पर ही केन्द्रित रहता है तुलसी के मानस में निहित सामाजिक चेतना सार्वकालिक नहीं है। आज के सामाजिक जीवन को देखते हुए उसकी उपादेयता सन्दिग्ध है। अतः काव्यालोचना के सामाजिक चेतनोद्भूत उपादान युग की सीमा में आबद्ध होते हैं। यही स्थिति भणिति-भंगिमा की भी है। छायावादी काव्य की लाक्षणिक भंगिमा रीतियुगीन वाग्विदग्धता से अधिक सूक्ष्म एवं सांकेतिक है। सौन्दर्य दोनों में है, किन्तु उसके आधार भिन्न-भिन्न हैं। तात्पर्य यह कि आलोचना के प्रतिमान आलोच्य काव्य कृति में निहित शाश्वत एवं सामयिक आनुभूतिक एवं अभिव्यक्तिगत-उपादानों पर ही आश्रित होते हैं। दोनों में मूल्यगत एवं तात्त्विक अन्तर नहीं है।

ऐसी स्थिति में यह प्रश्न उठ सकता है कि आलोचना की आवश्यकता ही क्या है, आलोचना, आलोच्य कृति से भिन्न किसी नवीन मूल्य की स्थापना नहीं कर सकती। कोई नवीन जीवन-दृष्टि नहीं दे सकती। फिर उसको महत्त्व क्यों दिया जाए? वस्तुतः काव्य-रचना एक जटिल एवं संश्लिष्ट प्रक्रिया है। कवि-मानस चेतना की विविध स्थितियों एवं स्तरों का एक जटिल संघात है। जगत के रूप और गति का जो विम्ब कवि-मानस में उभरता है, वह सहज-स्फूर्त होने पर भी संश्लिष्ट होता है। सामान्य सहृदय उसके तात्कालिक प्रभाव में बह सकता है। आवश्यक नहीं कि वह उसके समस्त उपादानों का सौन्दर्य हृदयंगम कर सके। ऐसे उपादान जो शाश्वत हैं, जो मानव की आदिम वासना के निकट होने के कारण सहज ग्राह्य हैं, पाठक मात्र के मन को प्रभावित कर सकते हैं, किन्तु ऐसे उपादान जिन्हें कवि ने दीर्घ अनुभव, अध्ययन एवं अभ्यास के बल पर प्राप्त किया है, जो मानव समाज की विकसित सांस्कृतिक चेतना के द्योतक हैं, उन्हें समझने और उनके सौन्दर्य का उद्घाटन करने के लिए प्रबुद्ध जनों की आवश्यकता पड़ती है। आदिम वासना से प्रेरित भावगत सौन्दर्य पर रीझना एक नैसर्गिक प्रक्रिया है। मनुष्य मात्र इसका अधिकारी है। किन्तु काव्य के समस्त उपादानों की व्याख्या, विवेचन, विश्लेषण एवं मूल्यांकन करने के लिए सहज संवेदनशीलता के साथ ही बौद्धिक क्षमता, शास्त्राभ्यास तथा वस्तुपरक दृष्टिकोण-सम्पन्नता की आवश्यकता है। इसके लिए मात्र मनुष्य होने से काम नहीं चलेगा, वस्तु विकसित सौन्दर्य-चेतनावाले प्रबुद्ध सहृदय की आवश्यकता होगी। संस्कृत आचार्यों के अनुसार काव्यार्थ की सार्थकता सहृदयश्लाघ्य होने

में ही है। आलोचक एक ऐसा ही प्राणी होता है। वह काव्य के आत्मनिष्ठ (सब्जेक्टिव) सत्य को व्यवस्थित करके उसे एक वैज्ञानिक आधार देने की चेष्टा करता है। वह काव्यगत सौन्दर्य को वस्तुपरक (आब्जेक्टिव) बनाकर उपस्थित करता है। इसीलिए डॉ० नगेन्द्र ने आलोचना को 'कला का विज्ञान' कहा है। यह बात आगमनात्मक पद्धति के आधार पर कृति की व्याख्या करनेवाली आलोचना के सम्बन्ध में अधिक लागू होती है, क्योंकि उसमें तथ्य-संचयन, क्रम-निर्धारण, मान्यता-स्थापन एवं सिद्धान्त-निरूपण की वैज्ञानिक पद्धति को महत्त्व दिया जाता है। यह होते हुए भी आलोचना उस कोटि का विज्ञान नहीं है, जिस कोटि के भौतिक, रसायन या गणित-विज्ञान होते हैं। आलोचक के लिए पहली शर्त है कि वह आलोच्यकृति में रमे, उसका रुचिपूर्वक अवगाहन करे। रीझने और रमने के लिए संवेदनशील होने की आवश्यकता है। यही कारण है कि प्रत्येक सफल आलोचक किसी अंश तक कवि भी होता है। वह रसग्राही, भावक और मर्मी होता है, निरा ठेठ पंडित नहीं होता। अत: आलोचना को हम काव्य-कृति की सापेक्षता में ही वैज्ञानिक कह सकते हैं, अन्यथा उसमें भी रचनात्मक साहित्य के तत्त्व विद्यमान होते हैं।

आलोचना का सर्वमान्य एवं शाश्वत रूप क्या हो सकता है, यह एक विचारणीय विषय है। आलोचना को अनेक रूपों में परिभाषित किया गया है। कभी उसे काव्य में निहित उन विशेषताओं को व्यक्त करने की प्रक्रिया कहा गया है, जो एक प्रबुद्ध एवं संवेदनशील पाठक के चित्त को आह्लादित करती है, तो कभी उसे एक ऐसे पक्षपातरहित तटस्थ प्रयत्न के रूप में देखा गया है, जिसके द्वारा विश्व में भी सर्वोत्तम सोचा-समझा या जाना गया है, उसे परखकर इस रूप में प्रस्तुत किया जाए कि भावी रचनात्मक प्रतिभा को नई प्रेरणा प्राप्त हो; कभी उसे भाषिक संरचना के रूप में मूर्त्त काव्यानुभूति को विश्लेषित करनेवाले वक्तव्य या भावबोध विकसित करनेवाली प्रक्रिया के रूप में देखा गया, तो कभी मूल्यों का निर्णय करने वाली शक्ति के रूप में पहचाना गया। तात्पर्य यह कि परिस्थिति-परिवेश एवं युग-चेतना के साथ परिवर्तित काव्य-संवेदना ने आलोचना-सम्बन्धी मान्यता में भी निरन्तर परिवर्तन किया है। यही नहीं, आलोचना की अवधारणा के साथ ही उसकी पद्धति में भी परिवर्तन होता आया है। आज, आलोचना की बीसियों पद्धतियाँ प्रचलित हैं। सभी में कोई-न-कोई तत्त्व की बात सन्निहित है, साथ ही सभी कहीं-न-कहीं अपूर्ण सिद्ध हो रही हैं। ऐतिहासिक निर्णयात्मक, वैज्ञानिक, तुलनात्मक, मनोवैज्ञानिक, व्यक्तिवादी, प्रभाववादी, प्रगतिवादी, अभिव्यंजनावादी जीवनवृत्तान्तीय, व्याख्यात्मक आदि

अनेक पद्धतियाँ, आज आलोचना के क्षेत्र में मान्य हैं। इन पद्धतियों से इतना ही प्रकट होता है कि आलोचक अनेक सन्दर्भों में रखकर काव्य-कृति को समझने की चेष्टा कर रहे हैं। कभी वे उसे युग-विशेष की चेतना के सन्दर्भ में रखकर देखना चाहते हैं, कभी सामाजिक चेतना के विकास के सन्दर्भ में। कभी वे उसे एक दार्शनिक की मुद्रा में परखते हैं, कभी शुद्ध प्रभावग्राही संवेदनशील पाठक की मुद्रा में। कभी वे उसे सर्वनिरपेक्ष स्वयंपूर्ण सौन्दर्य कृति मान लेते हैं और कभी व्यवस्था में परिवर्तन उपस्थित करनेवाले उद्देश्यपूर्ण सामाजिक साधन या अस्त्र के रूप में स्वीकारते हैं। कभी से उसे पूर्णतः नियमबद्ध भाषिक संरचना के रूप में स्वीकार करते हैं और कभी सहजोद्भूत स्वच्छन्द भावोच्छ्वास के रूप में। यह सब इसीलिए सम्भव हो रहा है कि आलोचना-साहित्य जिन काव्य-कृतियों के मूल्यांकन के प्रयास रूप में लिखा जा रहा है, वे स्वयं संश्लिष्ट, जटिल एवं गतिशील जीवन-चेतना से सम्बद्ध होने के कारण बहुआयामी होती हैं। काव्य का केन्द्र-बिन्दु मनुष्य है। मनुष्य को समझना और उसे उसकी सम्पूर्ण जटिलता में चित्रित करना अत्यन्त कठिन कार्य है। यह मनुष्य जड़ और चेतन तत्त्वों का अद्भुत सम्मिश्रण है। प्रकृति के साथ निरन्तर संघर्ष करता हुआ वह आज जिस स्थिति में आ गया है उसके विषय में स्पष्टतः कुछ भी घोषित नहीं किया जा सकता। वह चेतना के अनेक स्तरों से युक्त है। उसकी बुद्धि अनुभव एवं परीक्षण की दीर्घ-परम्परा से समृद्ध होकर अत्यन्त पैनी हो गई है। उसका मन आदिम-वासना के संस्कारों और आधुनिक वैज्ञानिक प्रभावों की दो सुदूरवर्ती स्थितियों को एक ही साथ एक ही बिन्दु पर संश्लिष्ट रूप में समाविष्ट करके एक अबूझ संघात बन गया है। जीवन में आनेवाली परिस्थितियों के प्रति उसकी प्रतिक्रिया सीधी और स्पष्ट नहीं हो सकती। ऐसे मनुष्य के जीवन की व्याख्या प्रस्तुत करनेवाली काव्यकृतियों के इस जटिल एवं रहस्यमय सौन्दर्य की व्याख्या प्रस्तुत करने के प्रयत्न में आलोचना का बहुआयामी होना सहज सम्भाव्य है।

उपर्युक्त समस्त विचित्रताओं एवं सम्भावनाओं के बावजूद मनुष्य के सन्दर्भ में दो बातें स्पष्ट हैं। एक तो यह कि वह सुख-दुःख की मूल संवेदना तथा उससे उद्भूत वासनाओं, प्रवृत्तियों एवं मनोभावों का पुंज है। दूसरी यह कि जीवन की प्रबल इच्छा को लेकर वह प्रकृति से निरन्तर जूझता आ रहा है। उसके इस संघर्ष ने ही अनेक प्रकार के नैतिक, सामाजिक, आर्थिक, राजनीतिक, सांस्कृतिक, कलात्मक एवं वैज्ञानिक मूल्यों को जन्म दिया है, या यों कहिए कि सामाजिक चेतना को विकसित किया है। उसके अस्तित्व में सुख-दुःख-प्रेरित मनोभाव एवं सामाजिक मूल्य दोनों ही लक्ष्य किए जा

सकते हैं। इसीलिए उसे बिम्बित करनेवाले काव्य में भी उपर्युक्त दोनों ही उपादान निरन्तर पाए जाएँगे। काव्य, बौद्धिक विकास की चरम स्थिति में भी संवेदनाशून्य नहीं हो सकता। शास्त्रीय दृष्टि से 'भाव' चित्त की चेतन दशा विशेष ही है। काव्य निर्जीव, चेतना-रहित अथवा भाव-शून्य मनुष्य को कभी भी बिम्बित नहीं करेगा, साथ ही उसके संघर्ष की गाथा भी किसी-न-किसी रूप में काव्यकृतियों में व्यंजित होगी ही। इसीलिए काव्यकृतियों से ही अपने प्रतिमान स्थिर करनेवाली आलोचना भी कोरा विज्ञान बनकर दीर्घजीवी नहीं हो सकती। इसीलिए आलोचना की जितनी परिभाषाएँ की गई हैं प्रायः सभी में उसके बौद्धिक एवं वैज्ञानिक स्वरूप के साथ ही रचनात्मक स्वरूप की ओर भी इंगित किया गया है। आलोचना का विषय काव्य है और काव्य का विषय मनुष्य। इसीलिए आलोचना मनुष्य के काव्य-बिम्बित स्वरूप का अध्ययन प्रस्तुत करनेवाली साहित्यिक प्रक्रिया है। मनुष्य न इतिहास है न दर्शन, न विज्ञान है न समाजशास्त्र, न मनोविज्ञान है न गणित। ये समस्त शास्त्र उसे और उसके संघर्षों को समझने के साधन मात्र हैं। काव्य में वह अपनी सम्पूर्ण जटिलता के साथ बिम्बित होता है। अतः काव्य की मीमांसा करनेवाली आलोचना अधिक-से-अधिक पूर्ण तभी हो सकती है, जब वह अनुभव की समग्रता और जीवन की सम्पूर्ण जटिलता का आधार लेकर अपना स्वरूप निर्मित करे, साथ ही निरन्तर गतिशील मानवीय संवेदना को केन्द्र में रखकर उसके समानान्तर अपने प्रतिमान को विकसित करती चले। ऐसा न होने पर काव्य-कृतियों का विकास किसी अन्य दिशा में होगा और आलोचना के प्रतिमान किसी दूसरी दिशा में अपना विकास करेंगे।

निष्कर्ष रूप में हम यही कहना चाहेंगे कि जिस प्रकार मानव-जीवन की कोई निश्चित एवं शाश्वत परिभाषा नहीं की जा सकती, जिस प्रकार काव्य को हम सदैव के लिए किसी निश्चित परिभाषा की मर्यादा में नहीं बाँध सकते, वैसे ही आलोचना के भी स्वरूप और तत्त्व की कोई अन्तिम मर्यादा स्थिर नहीं कर सकते। यही कारण है कि प्लेटो, अरस्तू, लोंजाइनस, कॉलरिज, मैथ्यू आर्नल्ड, अनातोले, फ्रान्स, हेनरी जेम्स, आई०ए० रिचर्ड्स, टी०एस० ईलियट आदि विदेशी आलोचकों से लेकर आचार्य रामचन्द्र शुक्ल, पं० नन्ददुलारे वाजपेयी, आचार्य हजारीप्रसाद द्विवेदी, श्री 'अज्ञेय', डॉ० नगेन्द्र, डॉ० रामविलास शर्मा जैसे हिन्दी के आलोचकों तक की परिभाषाएँ कहीं-न-कहीं एकांगी और अधूरी प्रतीत होती हैं।

साहित्य में प्रेषणीयता का प्रश्न

सर्जक साहित्यकार या कवि अपने अनुभव को मूर्ति-विधायिनी, प्रतीकात्मक एवं व्यंजक भाषा के माध्यम से पाठक या श्रोता के प्रति सम्प्रेषित करता है। प्रत्येक अभिव्यक्ति सम्प्रेषणीय होने पर ही सार्थक होती है। यह रचनाकार का दायित्व है कि वह पाठक को अपना सहभोक्ता बना ले। महान साहित्यकार अपने दायित्व के प्रति सजग और सचेष्ट रहते। इसलिए वे अपनी अभिव्यक्ति को विश्वजनीन और निर्वैयक्तिक बनाकर प्रस्तुत करते हैं। प्रत्येक कालजयी रचना शुद्ध मानवीय अनुभूतियों को अभिव्यक्ति देती है तथा सहदय-संवेद्य एवं सम्प्रेषणीय होती है। इसीलिए पाश्चात्य कला समीक्षकों ने ललित साहित्य को सम्प्रेषण की कला के रूप में स्वीकार किया है।

भारतीय रस-मीमांसा में सम्प्रेषण के तत्त्व को 'साधारणीकरण' की प्रक्रिया के अन्तर्गत समाविष्ट किया गया है। साहित्य या काव्य की आत्मा रस है। कवि अपनी रचना को रसात्मक बनाता है और पाठक या श्रोता इस रस का आस्वाद ग्रहण करता है। इस प्रकार वह कवि का सहभोक्ता हो जाता है। नाटकों और प्रबन्ध-काव्यों में कवि आलम्बन के माध्यम से अपनी अनुभूति व्यक्त करता है। ऐसी स्थिति में पाठक का तादात्म्य कवि और आलम्बन दोनों से होता है। जहाँ कवि, आलम्बन और पाठक तीनों का पूर्ण तादात्म्य होता है, वहाँ पूर्णरस की स्थिति मान्य होती है। अर्थात् श्रेष्ठ और कालजयी रचना वह है, जिसमें कवि या रचनाकार की अनुभूति आलम्बन के माध्यम से व्यक्त होकर पाठक या श्रोता के चित्त में सम्प्रेषित होती है और उसे रसमग्न कर देती है। यह किस प्रकार घटित होता है? इस प्रश्न के उत्तर में भारतीय आचार्यों ने 'साधारणीकरण' का सिद्धान्त प्रस्तुत किया है। उनका कहना है कि रसाभिव्यक्ति के क्षणों में कवि-आलम्बन और पाठक या श्रोता तीनों विशिष्ट या असाधारण न रहकर साधारण या समानधर्मा हो जाते हैं। इन सभी का साधारणीकरण हो जाता है। अर्थात् काव्यान्तर्गत आलम्बन रूप में चित्रित राम दशरथपुत्र मर्यादा पुरुषोत्तम न होकर एक वीर सुन्दर युवा के रूप में प्रस्तुत होते हैं। सीता जगज्जननी न होकर एक सुन्दर युवती के रूप में

चित्रित होती हैं। रचनाकार कवि इन्हें इसी रूप में प्रस्तुत करता है और सहृदय पाठक इन्हें इसी रूप में ग्रहण करता है। तात्पर्य यह कि 'प्रेषणीयता' का सिद्धान्त काव्य-मीमांसा के क्षेत्र में एक सार्वभौम और मान्य सिद्धान्त है। इसे पाश्चात्य कला-मर्मज्ञों एवं भारतीय रसाचार्यों दोनों ने महत्त्व प्रदान किया है।

प्रेषणीयता का संकट चार स्थितियों में उत्पन्न हो सकता है। एक तो, जब कभी रचनाकार अपनी नितान्त वैयक्तिक, असाधारण एवं विचित्र अनुभूतियों को निजी प्रतीकों एवं अपरिचित बिम्बों के माध्यम से व्यक्त करता है, तो पाठक उससे पूरा-पूरा तादात्म्य स्थापित नहीं कर पाता और प्रेषणीयता सम्भव नहीं हो पाती। अंग्रेज़ी के रोमैंटिक कवियों ने सर्जक और स्रष्टा होने की महत्त्वाकांक्षा की पूर्ति के लिए कभी-कभी विशिष्ट और असाधारण अनुभवों से अपनी रचनाओं को समृद्ध करके प्रेषणीयता के सिद्धान्त के सामने प्रश्न का चिह्न लगा दिया था। इसी प्रकार हिन्दी के छायावादी कवियों ने आलम्बन पक्ष को अलौकिक एवं अस्पष्ट रखकर तथा अभिव्यक्ति को अधिक लाक्षणिक, सूक्ष्म एवं सांकेतिक बनाकर प्रेषणीयता की स्थिति को सन्दिग्ध बना दिया था।

प्रेषणीयता के संकट की दूसरी स्थिति तब उत्पन्न होती है, जब रचनाकार जान-बूझकर पांडित्य प्रदर्शन के लिए श्लिष्ट शब्दों, पारिभाषिक पदों और चमत्कारिक उक्तियों के प्रयोग द्वारा अपनी रचना को जटिल और अगम्य बना देता है। संस्कृत में 'राघवपांडवीयम्' जैसी रामायण और महाभारत दोनों की कथाओं का साथ-साथ वर्णन करने वाली श्लिष्ट रचनाएँ तथा हिन्दी में आचार्य केशवदास की पाँच-पाँच अर्थों को व्यक्त करनेवाली जटिल कविताएँ इसी परम्परा में आती हैं।

प्रेषणीयता के संकट की तीसरी स्थिति तब आती है, जब रचनाकार परम्परागत काव्य-विषयों और काव्य-रूपों से सन्तुष्ट न होकर नवीन युग-बोध एवं नई जीवन-चेतना से प्रेरित होकर काव्य की अभिनव भावभूमि की तलाश से वस्तु और शिल्प दोनों स्तरों पर सर्वथा नए प्रयोग करता है। ये नए प्रयोग प्रायः रचनाकार की नई मानसिकता से प्रेरित होते हैं। सामान्य पाठक रचनाकार की इस मानसिकता से अपरिचित होता है। इसलिए रचनाकार की विधायिका कल्पना और पाठक को ग्राहिका कल्पना में एक अन्तराल उपस्थित हो जाता है। ऐसी स्थिति में समर्थ कवि तो अपनी मानसिकता के अनुकूल सार्थक एवं सशक्त बिम्बविधान के द्वारा अपनी अनुभूति को प्रबुद्ध पाठक तक पहुँचा लेता है, किन्तु अनेक प्रयोगकालीन कवि कविता के नाम

पर ऐसी रचनाएँ प्रस्तुत करने लगते हैं, जिनमें कविता का अन्तःसत्त्व ही पकड़ में नहीं आता। हिन्दी में नई कविता के आन्दोलन के प्रथम चरण में ऐसी अनेक रचनाएँ सामने आई थीं, जिनमें प्रेषणीयता का अभाव था। ऐसी ही रचनाओं को लक्षित करके आचार्य नन्ददुलारे वाजपेयी ने कहा था, "अतिशय व्यक्तिवादी और अन्तर्मुखी प्रवृत्तियाँ हिन्दी काव्य के लिए हिन्दी क्या किसी काव्य के लिए स्वस्थ और उपादेय नहीं कही जा सकतीं। हाँ, हम कविता के सर्वाधिक मूल्यवान तत्त्व—उसकी प्रेरकता और प्रेषणीयता—को ही तिरस्कृत करें तो बात दूसरी है प्रेषणीयता में बाधा उत्पन्न करनेवाली एक चौथी स्थिति भी है। जब कवि आलम्बनविधान करते समय आलम्बन के प्रति ऐसे भावों की अभिव्यक्ति करता है, जो अनुचित एवं निन्द्य हैं तो उसके साथ पाठक का तादात्म्य नहीं हो पाता।" उदाहरण के लिए अशोकवाटिका में रावण द्वारा सीता के प्रति व्यक्त क्रोध के साथ पाठक का मानसिक तादात्म्य नहीं होता और प्रेषणीयता के सिद्धान्त की चरितार्थता खंडित हो जाती है।

प्रेषणीयता के सिद्धान्त को खंडित करनेवाली यह सभी स्थितियाँ साहित्य-सृजन की सामान्य स्थितियाँ नहीं हैं। नितान्त वैयक्तिक, अन्तर्मुखी, असाधारण एवं विशिष्ट अनुभूतियों को अजनबी प्रतीकों, लाक्षणिक प्रयोगों एवं अस्पष्ट रूप-विधानों के द्वारा व्यक्त करके रचनाकार पाठकों को चकित कर सकता है, रचना को प्रभावपूर्ण नहीं बना सकता। इसी प्रकार मात्र पांडित्य-प्रदर्शन के लिए किया गया श्लिष्ट, जटिल एवं पारिभाषिक शब्दविधान साहित्य-सृजन नहीं है, शब्दों का इन्द्रजाल खड़ा करना है। 'प्रयोग के लिए प्रयोग' भी साहित्य सृजन की सहज प्रवृत्ति नहीं है। यह नवीन-चेतना की अभिव्यक्ति में परम्परागत भाषा-संवेदना के असमर्थ प्रमाणित होने पर भाषा में नई अर्थवत्ता एवं नई संवेदना का विधान करने की सामर्थ्य रखनेवाले रचनाकार के द्वारा इस रूप में किया जाना चाहिए कि कलात्मक अभिव्यक्ति के विकास की क्रम-परम्परा बीच में खंडित प्रतीत न हो। नवीनता की झोंक में किए गए मनमाने प्रयोग अनुभूति-शून्य एवं चेतना-संस्कार-रहित होने के कारण कालान्तर में प्रभावहीन हो जाते हैं। आलम्बन के प्रति अनुचित एवं निन्द्य भावों की अभिव्यक्ति भी परिस्थिति के दबाव पर शील-निदर्शन के लिए की जाती है। उसमें रचनाकार की प्रवृत्ति स्वयं लीन नहीं होती। अतः इसे भी रचना की सामान्य स्थिति नहीं माना जा सकता। आज प्रेषणीयता का संकट पहले से कुछ अधिक ही हो गया है। यह संकट विशिष्ट अनुभव के साधारणीकृत होकर सहृदय-संवेद्य न हो सकने की कठिनाई से उत्पन्न न

होकर स्वयं काव्यानुभूति की विशिष्टता या जीवन्तता के नष्ट हो जाने के खतरे से उत्पन्न हुआ है। इसलिए यह उपर्युक्त सभी स्थितियों से भिन्न स्थिति की उपज है। आज के यान्त्रिक समाज में एक ओर तो मनुष्य सहज मानवीय स्तर पर एक दूसरे से कटता जा रहा है, दूसरी ओर पूरे समाज की मानसिकता के एक ही साँचे में ढलते जाने के कारण अनुभव की जीवन्तता समाप्त होती जा रही है। आज रचनाकार का सरोकार अपने समानधर्मा सहृदय से न होकर औसत अनुभूति-सम्पन्न भीड़ से रह गया है। इसलिए रचनाकार और सामान्य पाठक के बीच संवाद का अभाव होता जा रहा है। इस स्थिति को लक्षित करते हुए निर्मल वर्मा ने कहा है—"आज अक्सर लेखक और पाठक के बीच के अभाव (Communication gap) की चर्चा की जाती है। यदि आज संवाद की सम्भावना इतनी सिकुड़ गई है तो इसलिए नहीं कि लेखक अधिक आत्मकेन्द्रित हो गया है और पाठक कम संवेदनशील, बल्कि इसलिए कि लेखक और पाठक दोनों को अपने दैनिक व्यवहार में ऐसी भाषा के सम्पर्क में आ जाना पड़ता है, ऐसे शब्दों का इस्तेमाल करना पड़ता है, जिनमें मनुष्य के सिर्फ़ निम्नतम औसत, विज्ञापनग्रस्त अनुभव ही व्यक्त हो सकते हैं। अनुभवों के अवमूल्यन से भाषा भ्रष्ट होती है। भ्रष्ट भाषा में मूल्यवान अनुभव व्यक्त नहीं हो सकता। इस दुष्चक्र में फँसकर अर्थपूर्ण संवाद (जिससे अर्थपूर्ण साहित्य का जन्म होता है) की सम्भावना ही नष्ट हो जाती है"।[1] कहना न होगा कि आज अनुभव और भाषा दोनों का जो अवमूल्यन लक्षित किया जा रहा है उसका मुख्य कारण आज की यान्त्रिक सभ्यता ही है। इस सभ्यता ने ही सहृदय के स्थान पर औसत पाठक को जन्म दिया है। इसलिए आज प्रेषणीयता के संकट से उबरने के लिए यान्त्रिकता-ग्रस्त मानसिकता से ऊपर उठकर सहज मानवीय संवेदना को गहराई और विस्तार देना होगा, क्योंकि किसी भी स्थिति में प्रेषणीयता का खंडित होना काव्य-सृजन के मूल उद्‌देश्य का खंडित होना है।

कहा जा सकता है कि प्रेषणीयता का प्रश्न रचनाकार और पाठक के बीच का प्रश्न है। आलोचक का इससे सीधा सम्बन्ध नहीं है। किन्तु यह सत्य नहीं है। आलोचक का साहित्य-सृजन की सभी समस्याओं से सीधा सम्बन्ध है। वह रचना के मर्म का उद्घाटन करता है। उसमें निहित सौन्दर्य-चेतना का विश्लेषण करता है। उसे रूप देनेवाले कला-तत्त्वों की मीमांसा करता है। उसके मूल्यों का आकलन करता है। उसके प्रभाव का साक्षी होता है। उसकी

1. शब्द और स्मृति, पृ० 29

सीमाओं को रेखांकित करता है। उसकी सम्भावनाओं को लक्षित कराता है। उसकी महत्ता का उद्‌बोध करता है और सब मिलाकर उसकी अमरता पर अपनी मुहर लगाता है। साहित्य के इतिहास में मर्मी, तत्त्वाभिनिवेशी और व्युत्पन्न आलोचक की आवश्यकता बराबर अनुभव की गई है। साहित्य का सर्जन जितना आवश्यक और उपयोगी है उतना ही आवश्यक उसका भावन भी है। यदि रचनाकार में कारयित्री प्रतिभा होती है तो आलोचक में भावयित्री प्रतिभा होती है। सर्जन और भावन ये दोनों भिन्न-भिन्न व्यापार हैं, किन्तु दोनों एक-दूसरे के पूरक भी हैं।

सच तो यह है कि साहित्य में प्रेषणीयता के तत्त्व को अक्षुण्ण बनाए रखने में सबसे बड़ा योगदान आलोचक का ही है। साहित्य-सर्जक जब कभी शुद्ध मानवीय अनुभूतियों को सहज अभिव्यक्ति से हटकर अपनी रचना को दुर्बोध बना देता है या बनाने की चेष्टा करता है तब आलोचक आगे बढ़कर उसे टोकता है। उस पर अंकुश लगाता है और उसे सहृदय-संवेद्य या प्रेषणीय रचना के लिए प्रेरित और उत्साहित करता है, क्योंकि उसकी दृष्टि में 'प्रेषणीयता' कालजयी रचना की सबसे बड़ी विशेषता है।

आधुनिक हिन्दी-आलोचना में मूल्यों का विकास

जीवन के किसी भी क्षेत्र में सार्थक उपलब्धि के साथ घुणाक्षर न्याय का सम्बन्ध नहीं जोड़ा जा सकता। मैं किसी ऐसे साहित्यकार की कल्पना नहीं कर पाता, जो किसी अनुभूत सत्य के अभाव में अभिव्यक्ति की सार्थकता का समर्थन करता हो। यह अनुभूत सत्य जागतिक वस्तुस्थितियों के प्रति साहित्यकार की वैयक्तिक प्रतिक्रिया के रूप में समझा जा सकता है। साहित्यकार के मन में पूर्णता की एक सम्भाव्य इकाई होती है। जब वह जगत में इस सम्भाव्य पूर्णता को चरितार्थ होता हुआ नहीं देखता तब उसका मन उद्वेलित हो उठता है और वह अपने को व्यक्त करने से नहीं रोक पाता। मध्ययुग में विचारकों ने 'तत्त्व' रूप में, योगियों ने 'ध्येय' रूप में और भक्तों ने 'आराध्य' रूप में इस अन्तर्निहित पूर्णता को ही प्रत्यक्ष करने की चेष्टा की थी। सामान्यतः पूर्णता की इस सम्भाव्य इकाई को 'ईश्वर' रूप में जाना गया था। मध्ययुग के भक्तकवियों ने संसार की कुरूपताओं, असंगतियों एवं अपूर्णताओं का निराकरण करने के लिए इसी 'ईश्वर' का सृजन किया था। प्रकारान्तर से कहा जा सकता है कि मध्ययुगीन भक्ति-काव्य में बहुचर्चित भगवान वह मूल्य या सम्भाव्य पूर्णता है, जिसकी उपलब्धि अनन्त युग की साधना के बाद मानव को हुई थी। तुलसी ने 'राम' के रूप में इसी 'तत्त्व' को 'भली काव्य-वस्तु' मानकर अपनी रचना की सार्थकता प्रमाणित की थी।

आधुनिक युग में विज्ञान के प्रकाश में 'मानवता' ने ईश्वर का स्थान ले लिया। हम मानवता के नाम पर अत्याचार, अन्याय, उत्पीड़न का विरोध करने लगे। मध्ययुग में 'ईश्वर' में मानवीय जीवन की पूर्णता का अनुभव किया गया था, आधुनिक युग में मनुष्य की पूर्णता में ईश्वरत्व की भावना की गई। समाज सुधार, राष्ट्रीय विकास, लोक-मंगल आदि की भावनाएँ क्रमशः अंग बनकर मानवतारूपी 'अंगी' में पूर्ण हो जाती हैं। हिन्दी साहित्य में भारतेन्दु-युग के नव-जागरण और द्विवेदी-युग की सुधारवादी प्रवृत्ति के मूल में मानवता का व्यापक और उदार दृष्टिकोण ही कार्य कर रहा था।

आलोचना के मूल्य सामान्यतः काव्यगत मूल्यों के अनुवर्ती होते हैं। जिस प्रकार साहित्यकार पात्रों की सृष्टि करते समय एक ही जाति के अनेक पात्रों की अलग-अलग विशेषताओं को समन्वित करके प्रतिनिधि पात्र या 'टाइप' की रचना करता है, उसी प्रकार आलोचक आलोचना के प्रतिमानों का निर्धारण करते समय अनेक काव्य-कृतियों की मूलभूत विशेषताओं का संचयन करके आदर्श प्रतिमान की सृष्टि करता है। द्विवेदी-युग के उत्तरार्द्ध में आचार्य रामचन्द्र शुक्ल ने पहली बार सही अर्थों में मूल्यों को दृष्टि में रखकर हिन्दी कवियों एवं साहित्यकारों के विषय में निर्णय देने की चेष्टा की उन्होंने 'मनुष्यता की सामान्य भूमि' को काव्य का चरम लक्ष्य स्वीकार किया। मनुष्य जाति के सामान्य हृदय को उन्होंने मनुष्यता की सामान्य भूमि का अधिष्ठान माना। प्राचीन 'रसवाद' की व्याख्या उन्होंने उसी स्तर पर की रस की पूर्ण अनुभूति के लिए उन्होंने साधारणीकरण को आवश्यक माना और साधारणीकरण के लिए आलम्बन में सामान्य हृदय की प्रतिष्ठा को अनिवार्य बताया। उनके लिए महान कवि वह था, जो मनुष्य जाति के सामान्य हृदय को प्रत्यक्ष कर सके। तुलसी इसीलिए महान थे कि उन्हें लोक-हृदय की पहचान थी। तुलसी के राम का व्यक्तित्त्व लोक-हृदय-समर्थित है। इसीलिए राम के कार्यों, विचारों और भावनाओं के साथ पाठक-मात्र का तादात्म्य हो जाता है और वह रसमग्नता का अनुभव करता है। संक्षेप में, शुक्ल जी की दृष्टि लोक- दृष्टि थी। काव्य में उन्होंने भी 'सुन्दर' को महत्त्व दिया किन्तु उसे वे लोकमंगल से पृथक करके न देख सके। शुक्ल जी को विशेषता यह है कि उन्होंने लोक मंगल को 'रसवाद' से समर्थित किया और रससिद्धान्त को आधुनिक मनोविज्ञान की कसौटी पर लगभग खरा पाया। इस प्रकार उन्होंने अपनी मानवतावाद को पूरक लोकदृष्टि को काव्यशास्त्र, नीतिशास्त्र और मनोविज्ञान के अनुकूल सिद्ध करके आलोचना का एक पूर्ण-सा प्रतीत होनेवाला मानदंड प्रस्तुत किया।

छायावादी युग में काव्य के साथ ही आलोचना के मूल्य में भी परिवर्तन हुआ। स्थूलता के स्थान पर सूक्ष्मता, इतिवृत्तात्मकता के स्थान पर काल्पनिकता, उपदेशपरकता के स्थान पर रमणीयता, अभिधा के स्थान पर लक्षणा, प्रबन्ध के स्थान पर गीति, नीतिमत्ता के स्थान पर स्वच्छन्दता तथा विवेक और मर्यादा के स्थान पर रहस्य और आनन्द की स्थापना करके छायावादी कवियों ने प्रकारान्तर से काव्य में समाज और लोक की रूढ़ मर्यादा के स्थान पर 'व्यक्ति की स्वतन्त्रता' को प्रतिष्ठित करने की चेष्टा की।

छायावाद के प्रबल समर्थक और विशिष्ट आलोचक पं० नन्ददुलारे वाजपेयी ने आलोचक के दायित्व की चर्चा करते हुए रचना में कवि की अन्तर्वृत्तियों के अध्ययन को पहला स्थान दिया। समाज को उन्होंने केवल प्रेरक माना। इस प्रकार छायावादी युग में व्यक्ति को महत्त्व दिया गया, किन्तु समाज की नितान्त उपेक्षा नहीं की गई। इसलिए छायावाद के प्रतिनिधि काव्यग्रन्थ 'कामायनी' में हम मनु को विज्ञान- प्रभावित समाज में संघर्ष करते हुए और 'निराला' के राम को दुर्दमनीय आसुरी शक्तियों पर जय प्राप्त करने के लिए शक्ति की आराधना करते हुए देखते हैं।

प्रगतिवादी आन्दोलन के साथ हिन्दी-आलोचना में मूल्यों की दृष्टि से युगान्तरकारी परिवर्तन हुआ। प्रगतिवादी आन्दोलन का आधार मार्क्सवादी जीवन-दर्शन है। मार्क्सवाद वस्तु या पदार्थ को प्राथमिकता देता है। मार्क्स की दृष्टि में विचार-जगत भौतिक जगत का ही मानसिक प्रतिबिम्ब है। लेनिन के अनुसार भौतिक जगत की मानव मन से सर्वथा स्वतन्त्र सत्ता है। यह जगत मनुष्य के जन्म से बहुत पहले अपने अस्तित्व ग्रहण कर चुका था। वस्तु-तत्त्व ही जटिल भाव से संश्लिष्ट होकर मानव-चेतना के रूप में विकास की उच्चतम स्थिति में पहुँचा है। मार्क्सवादी जीवन-दृष्टि साहित्य को सामाजिक यथार्थ की अभिव्यक्ति मानती है। इस दर्शन में विश्वास करनेवाले प्रगतिवादी आलोचकों ने साहित्य में व्यक्ति के स्थान पर समाज को अधिक महत्त्व दिया। इन आलोचकों को आचार्य शुक्ल की आलोचना से पर्याप्त बल मिला। शुक्ल जी काव्य में लोक-भावना का ही समर्थन नहीं करते, चिन्तन के धरातल पर वे वस्तुवाद को भी स्वीकार करते हुए प्रतीत होते हैं। वे कहते हैं—"यही बाहर का हँसता-खेलता, रोता-गाता, खिलता-मुरझाता जगत भीतर भी है, जिसे हम मन कहते हैं। मन भी रूप-गति का संघात ही है।" कल्पना, भाव, मनोविकार आदि को वे रूपाश्रयी ही मानते हैं। वे लिखते हैं—"ज्ञानेन्द्रियों से समन्वित मनुष्य जाति जगत नामक अपार और अगाध रूप-समुद्र में छोड़ दी गई है। इसी की रूप-तरंगों से ही उसकी कल्पना का निर्माण और इसी की रूप-गति से उसके भीतर विविध भावों या मनोविकारों का विधान हुआ।" शुक्ल जी की लोक-दृष्टि प्रगतिवाद के सामाजिक यथार्थ के कितने निकट है, यहाँ यह प्रतिपादित करना मुझे अभीष्ट नहीं। मैं केवल यह कहना चाहता हूँ कि प्रगतिवादी आलोचकों ने जो शुक्ला जी के समर्थन से ही अपनी आलोचना आरम्भ की है, उसका ठोस मूल्यगत आधार है।

आलोचना के मूल्यों में नया मोड़ 'नई कविता' के आन्दोलन के साथ आरम्भ होता है। विकास की दृष्टि से 'नई कविता' ने दो स्थितियाँ पार की हैं। पहले उसे 'प्रयोगवादी कविता' कहा गया और अब उसे 'नई कविता' कहा जाने लगा है। प्रयोगकाल में मूल्यों की बात करने पर कहा गया है कि चिरअन्वेषण ही हमारी नियति है और अब नई कविता की मूल्यगत सार्थकता नई मर्यादा और नए सौन्दर्य-बोध के रूप में सिद्ध की जाने लगी है। यह नई मर्यादा, व्यक्ति के स्वातन्त्र्य की मर्यादा है। मार्क्सवाद-प्रेरित प्रगतिवादियों की अति सामाजिकता और पूँजीवाद-प्रेरित स्वच्छन्दतावादियों की अति वैयक्तिकता, दोनों ने एक प्रकार की यान्त्रिकता को महत्त्व देकर व्यक्ति के स्वातन्त्र्य का अपहरण किया है। 'व्यक्तित्त्व' की अभिव्यक्ति व्यक्ति का सहज धर्म है। प्रत्येक व्यक्ति को स्वतन्त्र ढंग से निर्णय करने का अधिकार है। 'नई कविता' जिस नवीन मर्यादा पर आधृत है, वह व्यक्ति को पूर्ण स्वतन्त्रता देने की हिमायती है। तात्पर्य यह कि 'नई कविता' के एकान्त समर्थक विचारकों की दृष्टि में साहित्यकार किसी भी बाह्य या आरोपित मूल्य को स्वीकार करके सार्थक और गतिशील साहित्य की सर्जना नहीं कर सकता। निस्सन्देह साहित्य की स्वतन्त्र और नि[illegible]ना है और साहित्यकार की वैयक्तिक स्वतन्त्रता अक्षुण्ण होनी चाहिए, लेकिन यह कैसे भुलाया जा सकता है कि साहित्य, अनुभूत सत्य है और अनुभूत सत्य वस्तुगत और व्यक्तिगत दोनों ही होता है। मानवता के विकास के साथ जिन मानव-मूल्यों का सृजन होता आया है, उनकी सार्थकता समाज में आचरित होने में ही है। समता, एकता, समरसता, अद्वैतता, अभेदता आदि शब्द अपना सामाजिक अर्थ रखते हैं। नैतिकता का उदय समाज में ही हुआ है। स्वयं 'मर्यादा' शब्द सामाजिक सन्दर्भ के अभाव में अपना महत्त्व खो देता है। समाज-निरपेक्ष स्वतन्त्रता आस्थाहीनता की दूसरी संज्ञा है। साहित्यकार [illegible] में आस्था रखता है, उन्हीं में उसका 'स्व' मर्यादित होता है [illegible] कोई भी मूल्य समाज-निरपेक्ष नहीं हो सकता। अतः व्यक्ति की स्वतन्त्रता का अर्थ समाज-निरपेक्ष स्वायत्तता नहीं हो सकता। साहित्यकार की स्वतन्त्रता का एक ही अर्थ हो सकता है कि वह किन्हीं पूर्व निश्चित और बाह्य-प्रेरित सिद्धान्तों के कठघरे में अपने को बन्द न कर दे, चाहे यह कठघरा राज्य-शासन का हो, चाहे शास्त्र-शासन का, चाहे धर्म का हो, चाहे समाज का। अतः साहित्य के मूल्यांकन में आज जिस 'नई मर्यादा' की बात कही जाती है वह उसकी परम स्वतन्त्रता या स्वेच्छाचारिता या नैतिक उच्छृंखलता के रूप में मान्य नहीं हो

सकती। 'नई मर्यादा' का यही अर्थ हो सकता है कि विज्ञान, मनोविज्ञान, विकासवाद, वस्तुवादी दर्शन, दिव्य मानवतावाद आदि अनेक नवीन ज्ञान-पथों के प्रशस्त होने से आज मनुष्य के सामाजिक सम्बन्धों एवं व्यक्तिगत विश्वासों में बीते हुए युग की सापेक्षता में अन्तर आ गया है। आज के गतिशील समाज में उभरनेवाले मूल्यों की स्थिरता का सीमांकन नहीं किया जा सकता। मध्ययुग अपेक्षाकृत स्थितिशील था, अतः उस समय के सामाजिक मूल्य भी स्थितिशील थे। मध्ययुग की निस्पन्द स्थितिशीलता और आज की सतत गतिशीलता के अनुरूप प्राचीन मूल्यों और मर्यादाओं का विघटन और नवीन मूल्यों का संघटन अवश्यम्भावी है, किन्तु यह कहना कि नई मर्यादा या नया दायित्व व्यक्ति-स्वातन्त्र्य की परिणति साहित्य की समाज-निरपेक्षता में ही हो सकती है, समीचीन नहीं माना जा सकता।

ऊपर के विवेचन के आधार पर कहा जा सकता है कि मूल्यों की दृष्टि से आधुनिक हिन्दी-आलोचना समाज-दृष्टि और व्यक्ति-दृष्टि इन्हीं दोनों के बीच सामंजस्य स्थापित करती हुई आगे बढ़ी है। यदि व्यापक दृष्टि से देखा जाए तो साहित्यालोचन के यही दो आधार हो सकते हैं। जिस प्रकार जगत का समस्त चिन्तन वस्तुवाद और भाववाद या पदार्थवाद और चेतनावाद में सरलता से समा 'जाता है, उसी प्रकार साहित्य के समस्त मूल्य व्यक्तिनिष्ठा और समाजनिष्ठता को सीमाओं में आ जाते हैं। आलोचना के अन्य आधार—सौन्दर्यवादी, मनोवैज्ञानिक, दार्शनिक और ऐतिहासिक—सुविधा के लिए स्वीकार किए जाते हैं। मनोवैज्ञानिक और रोमैंटिक आलोचना बहुत कुछ 'व्यक्ति' को महत्त्व देती है। आलोचना का ऐतिहासिक आधार घूम-फिरकर समाज को महत्त्व देता है। सौन्दर्यवादी और दार्शनिक आधारों को व्यक्ति और समाज दोनों दृष्टियों से देखा जा सकता है। नीतिवादी एवं उपयोगितावादी आलोचकों ने भी काव्य में 'सुन्दर' का महत्त्व स्वीकार किया है। प्लेटो और अरस्तू जैसे दार्शनिक विचारकों ने भी समाज के सन्दर्भ में ही साहित्य की मूल्यवत्ता स्वीकार की है।

आधुनिक समीक्षा के प्रमुख स्तम्भ आई०ए० रिचर्ड्स ने भी यह कहकर काव्यानुभव स्वतः पूर्ण नहीं है, वह मनुष्य के पूर्ण अनुभव (Total Experience) का एक अंशमात्र है, प्रकारान्तर से सामाजिक सन्दर्भों से जुड़े हुए मनुष्य के अनुभव को ही महत्त्व दिया है। उसका यह कहना कि अच्छा वह है, जो मूल्यवान है और मूल्यवान वह है जो मानव-मन में उठनेवाले आवेगों में सन्तुलन स्थापित करे, एक प्रकार से मनोवैज्ञानिक स्तर पर व्यक्ति

और समाज के बीच सामंजस्य स्थापित करने का ही प्रयत्न है। मानव-मन में आवेग परिवेश के दबाव से ही उठते हैं। परिवेश से जुड़े हुए मनुष्य के मन में ही अधिकाधिक आवेगों (Sensibilities) के उठने और उनमें परस्पर सहयोग एवं सन्तुलन स्थापित करने का प्रश्न उठता है। इसी प्रकार टी०एस० ईलियट का कला को निर्वैयक्तिक (Impersonal) घोषित करना उसकी वस्तुनिष्ठा और समाज-सापेक्षता को स्वीकार करना है। आज का नया-से-नया रूपवादी समीक्षक भी कविता की दुनिया को एक ऐसी स्वायत्त दुनिया के रूप में स्थापित नहीं कर पा रहा है, जिसका सामाजिक चेतना से सम्बन्ध न हो।

कहना न होगा कि साहित्य-कृति और आलोचना दोनों के मूल्य भिन्न नहीं हुआ करते। साहित्य-कृतियों में सन्निविष्ट मूल्यों के आधार पर ही आलोचना के मूल्यों का नियमन होता है। साथ ही आलोचक भी स्रष्टा कवि की भाँति सीधे जगत के प्रभावों से अपने आन्तरिक मूल्यों की सृष्टि कर सकता है। उसकी स्थिति 'आउट साइडर' की नहीं है आलोचक एक सहृदय मर्मज्ञ और संवेदनशील पाठक है जो पाठ्यकृति के सम्बन्ध में अपने विचारों को स्वतन्त्रतापूर्वक व्यक्त करता है। उसके लिए अपेक्षित है कि वह नवीन साहित्य का निरन्तर अध्ययन करते हुए अपनी काव्य-संवेदना को विकसित करता रहे। यह हिन्दी का सौभाग्य ही कहा जाएगा कि आरम्भ से ही वह हमारी गतिशील जीवन-चेतना का प्रतिनिधित्व करती आई है। इसलिए रचना और आलोचना दोनों ही स्तरों पर उसने सदैव आत्मग्रस्तता को नकारते हुए स्वस्थ जीवन-मूल्यों को ही महत्त्व दिया है। उसकी यह परम्परा आज भी अक्षुण्ण है।

हिन्दी-आलोचना तथा गवेषणा का वर्तमान स्वरूप

आलोचना और गवेषणा अपनी-अपनी परिधि का विस्तार करते हुए एक दूसरे को स्पर्श भले करती हों या श्रेष्ठ साहित्यिक अनुसन्धान में आलोचना के तत्त्व भले ही सन्निहित हों, किन्तु दोनों की प्रकृति एक नहीं है। गवेषणा में अनुसन्धान-कर्ता के लिए वस्तुपरक दृष्टि, तर्कपूर्ण विवेचन और विश्वसनीय, प्रभाव आवश्यक शर्त है। आलोचना में वैयक्तिक या आत्मपरक दृष्टि-निक्षेप के लिए भी गुंजाइश रहती है। वह प्रभावाभिव्यंजन के रूप में भी मान्य हो सकती है। गवेषणा से मुख्यतः ज्ञान की परिधि विस्तृत होती है। आलोचना से काव्य-मर्म की पहचान होती है, सौन्दर्य-चेतना का परिष्कार होता है तथा स्थापित मूल्यों का विकास या नए मूल्यों की स्थापना होती है। अतः हम दोनों के वर्तमानस्वरूप पर अलग-अलग विचार करने की सुविधा लेना चाहेंगे।

आज से लगभग पन्द्रह वर्ष पूर्व एक विज्ञ आलोचक ने कहा था—"हिन्दी की समीक्षा का 'कैनवस' दायित्व को देखते हुए बहुत छोटा रहा है।" आज मैं विश्वासपूर्वक कह सकता हूँ कि हिन्दी-आलोचना के 'कैनवस' का विस्तार तो हो गया है, किन्तु विभिन्न दृष्टियों से गृहीत सिद्धान्त-सूत्रों एवं स्थापित मान्यताओं तथा विकसित संवेदना के संश्लिष्ट आधार पर आलोच्य सामग्री का समग्र मूल्यांकन अभी नहीं हो पा रहा है। हिन्दी-आलोचना के क्षेत्र में सिद्धान्त के स्तर पर आज मुख्यतः तीन प्रकार की प्रवृत्तियाँ लक्षित हो रही हैं—1. मूल्यांकन के नए प्रतिमान की खोज 2. प्राचीन शास्त्रीय प्रतिमानों का पुनराख्यान और 3. विश्व-प्रचलित प्रतिमानों को ग्रहण करने की आकांक्षा। तीनों प्रवृत्तियाँ स्वाभाविक है। जीवन के सन्दर्भों के बदलने से मानव के मानसिक संस्कार भी बदलते हैं। परिवर्तित संस्कार रचना को 'रूप' और 'कथ्य' दोनों स्तरों पर प्रभावित करते हैं। इसलिए रचना की प्रकृति बदल जाती है। उसमें निहित सौन्दर्य-चेतना और उसके विधायक आधार भी बदल जाते हैं। विगत वर्षों में हिन्दी साहित्य की प्रकृति में पर्याप्त परिवर्तन हुआ है, इसे अस्वीकार नहीं किया जा सकता। इसलिए मूल्यांकन के नए प्रतिमान की

खोज की प्रवृत्ति स्वाभाविक है। प्राचीन शास्त्रीय प्रतिमानों के पुनराख्यान का कार्य आचार्य शुक्ल से ही आरम्भ हो गया था। आचार्य शुक्ल ने रस-सिद्धान्त को सर्वथा पूर्ण मानकर अलंकार, रीति, वक्रोक्ति आदि को उसी सीमा तक स्वीकृति दी, जिस सीमा तक वे रस के उपकारक हैं। 'ध्वनि' में अतिव्याप्ति दोष मानकर आचार्य ने उसे अपेक्षित महत्त्व नहीं दिया। 'रस' की व्याख्या आचार्य शुक्ल ने मानसिक स्तर पर ही की, उसके आध्यात्मिक स्वरूप को उन्होंने महत्त्व नहीं दिया। उन्होंने विभाव-विधान को अधिक महत्त्व दिया। साधारणीकरण की बौद्धिक व्याख्या करके उसे प्रेषणीयता के सिद्धान्त से जोड़ दिया। काव्य में कोरे चमत्कार और असाधारणत्व की प्रवृत्ति का निषेध करते हुए उन्होंने भाव और अनुभूति की मार्मिकता को सर्वाधिक महत्त्व दिया। उन्होंने रस की एक मध्यम कोटि स्वीकार करने की बात भी कही। यह सब रस-सिद्धान्त का पुनराख्यान ही था। पं० नन्ददुलारे वाजपेयी ने काव्य की स्वतन्त्र सत्ता स्वीकार करते हुए भी रसतत्त्व का निषेध नहीं किया। उन्होंने 'रस' को सौन्दर्य-संवेदन का पर्याय माना और इस प्रकार उसकी व्याख्या की नई सम्भावना की ओर संकेत किया। इधर डॉ० नगेन्द्र ने रस-सिद्धान्त को मानवीय संवेदना के साथ सम्बद्ध करके 'नई कविता' के सन्दर्भ में भी उसका महत्त्व प्रतिपादित किया है और श्री राममूर्ति त्रिपाठी ने वर्तमान सन्दर्भ में भारतीय काव्यशास्त्र के महत्त्व पर गम्भीर विचार प्रस्तुत करते हुए न केवल उसमें रचनात्मक समीक्षा की सम्भावना लक्षित की है, वरन ध्वनि-सिद्धान्त में शाश्वत प्रतिमान की सम्भावना है, यह संकेत भी किया है। तात्पर्य यह है कि प्राचीन शास्त्रीय प्रतिमानों के पुनराख्यान की परम्परा आगे बढ़ी है और यह निश्चय ही वर्तमान हिन्दी-आलोचना की महत्त्वपूर्ण उपलब्धि है।

विश्व-प्रचलित प्रतिमानों को ग्रहण करने की आकांक्षा स्वतन्त्रता-प्राप्ति के बाद अधिक तीव्र हुई है। इसका यह अर्थ नहीं है कि समूचे विश्व-साहित्य के मूल्यांकन का कोई निर्धारित प्रतिमान है, जिसे स्वीकार किया जा सकता है। इसका इतना ही अर्थ है कि विश्व के अन्य देशों में साहित्य के मूल्यांकन के सन्दर्भ में जिन प्रतिमानों की चर्चा की गई है, उनको यहाँ भी महत्त्व दिया जा रहा है और रचना को भी अन्तरराष्ट्रीय आयाम देने की चेष्टा की गई है। नव मानवतावादी मनोविश्लेषणवादी, प्रतीकवादी अस्तित्ववादी, बिम्बवादी, अव्यक्तिवादी और समीक्षा-सिद्धान्त की चर्चा विश्व प्रतिमान ग्रहण करने की आकांक्षा का ही परिणाम है। महत्त्वपूर्ण बात यह है कि भिन्न मार्गों से चलकर यह प्रतिमान किसी एक बिन्दु पर मिलते हुए भी लक्षित किए जा

सकते हैं। उदाहरण के लिए नए प्रतिमान की खोज रोमैंटिक प्रतिमान को खंडित करने तथा भावुकता एवं सहृदयता के स्थान पर एक नए ढंग की समझदारी की माँग करने तक सीमित है। इस खोज को यह साहस नहीं हुआ है कि शास्त्रीय प्रतिमानों में 'रस और ध्वनि' जैसे प्रतिमानों को नकार दे। 'कविता के नए प्रतिमान' के लेखक ने कहा है—"रस-सिद्धान्त के तत्त्ववाद का एक व्यावहारिक पहलू भी है, जिसकी उपेक्षा नहीं की जा सकती है"[1] या "रस-सिद्धान्त आस्वाद की प्रक्रिया का विश्लेषण करता है, इस दृष्टि से वह आज भी प्रासंगिक है" या "यदि हिन्दी में आज काव्य के नए प्रतिमान बनाते समय इंग्लैंड, अमेरिका की नव्य आलोचना से सहायता ली जा रही है तो फिर अपनी परम्परा के रस-सिद्धान्त ने ही क्या बिगाड़ा है?''[2] जिस प्रकार नए प्रतिमान का खोजी 'रस' की प्रासंगिकता को अस्वीकार नहीं कर पा रहा है, उसी प्रकार शास्त्रीय परम्परा का पुनराख्याता नई रचनाओं के महत्त्व को अस्वीकार नहीं कर पा रहा है। श्री राममूर्ति त्रिपाठी ने 'मुक्तिबोध' के 'ब्रह्म राक्षस' और 'अज्ञेय' की 'असाध्य वीणा' को उद्धृत करते हुए कहा है—''जहाँ एक ओर इन कविताओं में मानवीय संवेदनतन्तुओं को स्पन्दित कर अपने को निरन्तर ताजी बनाए रखने की क्षमता है, वहाँ बदलते हुए परिवेशों के अनुरूप नई 'वस्तु' झंकृत करने की भी क्षमता है।''[3] यह वर्तमान हिन्दी-आलोचना के लिए एक शुभ लक्षण है। विश्व प्रतिमान की आकांक्षा रखनेवाले भी अब यह स्वीकारने लगे हैं कि समाजवादी यथार्थ या मनोवैज्ञानिक यथार्थ या अस्तित्ववादी सौन्दर्यशास्त्र मानवीय सत्य के पक्ष-विशेष के आग्रही है और इन्हें भी आत्यन्तिक महत्त्व देने से रचना की निश्चित रूढ़ियाँ बन जाती हैं, जो एक प्रकार की जड़ आस्था उत्पन्न कर सकती हैं। इसलिए व्यापक मानवीय सत्य ही रचना का श्रेष्ठ आधार बन सकता है।

हिन्दी की व्यावहारिक समीक्षा आज 'रचना' से अधिक 'रचना-प्रक्रिया को, काव्य से अधिक 'काव्य-भाषा' को और 'वस्तु' से अधिक 'रूप' को महत्त्व देने लगी है। भाषा को अधिक महत्त्व देने का कारण सम्भवतः यह है कि जीवन के जटिल सम्बन्धों का भाषा से सीधा सम्बन्ध है और भाषा-संवेदना से वस्तु-संवेदना को समझा जा सकता है। रचना-प्रक्रिया को समझाने का प्रयत्न तो स्पष्टतः विज्ञान की स्पर्धा का परिणाम है। विज्ञान संश्लिष्ट

1. कविता के नए प्रतिमान, पृ. 50
2. वही, पृ. 54
3. आलोचना, अंक 10 पृ. 25

'वस्तु' को विश्लेषण के द्वारा ही समझने की चेष्टा करता है। इस विश्लेषण में रचना को जटिल प्रक्रिया का रूप स्पष्ट होता है। विज्ञान की अपनी पद्धति है। उसकी स्पर्धा में आलोचना ने मनोवैज्ञानिक और गणित का सहारा लिया है। विज्ञान के बढ़ते हुए प्रभाव के युग में काव्यालोचन का अपनी अस्तित्व-रक्षा के लिए मनोविज्ञान और गणित की ओर झुकना स्वाभाविक है। वस्तु से अधिक रूप को महत्त्व देने की बात सम्भवत: इसलिए उठी है कि आलोचक के सामने रूप ही होता है। वह "रूप से चलकर ही 'वस्तु' तक जा सकता है। रूपगत प्रयोग बदलते हुए सन्दर्भों के साक्षी हैं। इसलिए इनके माध्यम से हम बदलते हुए सन्दर्भों का साक्षात्कार कर सकते हैं। इस प्रकार बाहर से भीतर की ओर जाने के क्रम में आलोचक स्वयं एक प्रकार की रचनात्मक-प्रक्रिया से गुज़रता है जिस प्रकार वस्तु को रूप देने की प्रक्रिया रचनात्मक है, उसी प्रकार रूप के विश्लेषण के द्वारा 'वस्तु' या कथ्य को समझना भी एक प्रकार की रचनात्मक प्रक्रिया है। इसीलिए इधर रचनात्मक समीक्षा को महत्त्व दिया जाने लगा है। रचनात्मक दृष्टि-सम्पन्न आलोचक रूपगत विशेषताओं का विश्लेषण करते हुए रचना की मूल संवेदना का ही उद्घाटन करता है। चूँकि प्रत्येक मूल संवेदना की रूप-रचना भिन्न प्रकार की होती है, इसलिए आलोचक रूप-रचना के किसी पूर्व निर्धारित खाके के आधार पर आलोच्य कृति की मूल संवेदना का साक्षात्कार नहीं कर सम्भवत: इसलिए रचनात्मक दृष्टि-सम्पन्न आलोचक की समीक्षा यान्त्रिक न होकर रचनात्मक होती है। इस प्रकार वर्तमान व्यावहारिक समीक्षा का औचित्य तो प्रमाणित हो जाता है, किन्तु इस पद्धति से चलकर मूल संवेदना की सही पहचान सम्बन्धी कठिनाई बढ़ जाती है। भाषा, विधा, शैली या रूपगत अन्य प्रयोगों के विश्लेषण में उलझकर कभी-कभी हम कथ्य तक पहुँच ही नहीं पाते अधिक संवेदना को वस्तु संवेदना से जोड़ना असाधारण क्षमता का कार्य है। इसलिए आज सार्थक आलोचना एक कठिन कार्य हो गया है। कुछ नए आलोचक रचना की रचनात्मक आलोचना करते हुए ऐसी भाषा प्रस्तुत कर रहे हैं, जो अनुवाद की भाषा प्रतीत होती है। नई या रचनात्मक आलोचना प्राय: नव लेखन की चर्चा से जुड़ी हुई है। इसमें सन्देह नहीं कि नए आलोचकों की दृष्टि सूक्ष्म और पैनी है, किन्तु यह पैनापन नवीनता को प्रतिष्ठित करने के प्रयत्न में पूर्व प्रतिष्ठित रचनाओं की सार्थकता को ऐतिहासिक विकासक्रम में स्वीकार न करके उन्हें पूर्णत: नकार देना चाहता है। इससे हमारी सांस्कृतिक सम्पदा के उपेक्षित हो जाने का खतरा उत्पन्न हो गया है। एक ओर मात्र 4 या 6

कविताओं के रचयिता कवियों को महनीय मान लेने की उदारता दिखाई जा रही है, तो दूसरी ओर 'विनयपत्रिका' जैसी प्रौढ़ रचना को मात्र फैंटेसी घोषित करके उसमें निहित चिन्तन-प्रसूत तत्त्वदर्शन की उपेक्षा की जा रही है। फैंटेसी अपने आप में हीनताबोधक नहीं है, किन्तु 'विनयपत्रिका' के सन्दर्भ में उसका औचित्य विवादास्पद है। 'विनयपत्रिका' आजीवन-मूल्यों के लिए संघर्षरत कवि की अन्तर्यात्रा है, जिसमें मनोन्नयन के बिन्दुओं को रेखांकित किया जा सकता है। कुछ भी हो, नवीनता के उन्मेष में जो साहित्यिक समझदारी विकसित हो रही है, उसे हम नकार नहीं सकते।

गद्य-साहित्य के मूल्यांकन के सन्दर्भ में व्यावहारिक समीक्षा का स्तर निश्चित रूप से उच्चतर हुआ है। आचार्य शुक्ल ने आलोचना का जो स्वरूप प्रतिष्ठित किया था उसमें उपन्यास, कहानी, नाटक आदि के मूल्यांकन की कोई व्यवस्थित व्यावहारिक पद्धति नहीं थी। तात्त्विक दृष्टि, मूल्यगत दृष्टि या व्यापक सौन्दर्यबोध के धरातल पर गद्य-साहित्य के मूल्यांकन को अलग से कोई समस्या चाहे न हो, किन्तु व्यावहारिक स्तर पर उसके मूल्यांकन की स्वतन्त्र पद्धति का विकास आवश्यक है। शुक्ल जी के बाद प्राय: रचना तत्त्वों की सामंजस्यता, वर्गीय चरित्रों की विशेषता या प्रतिपाद्य की प्रभविष्णुता के सहारे गद्य कृतियों की श्रेष्ठता प्रतिपादित की गई। आज उनके भीतर मानवीय सम्बन्धों की जटिलता, पात्रों के मानसिक तनाव तथा निर्मम तटस्थता के साथ वास्तविकता के अंकन को लक्षित करते हुए उनके महत्त्व का प्रतिपादन किया जा रहा है। यहाँ भी भाषा-संवेदना एवं रूपगत निखार को अधिक बारीकी से समझा जा रहा है। यह होने पर भी महत्त्वपूर्ण कृतियों के सम्बन्ध में निर्णय देते हुए व्यक्तिगत आग्रह कम नहीं हुआ है। सब मिलाकर यह निर्विवाद रूप से कहा जा सकता है कि हिन्दी-आलोचना, वहीं नहीं है जहाँ आचार्य शुक्ल ने उसे छोड़ा था किन्तु यह भी उतना ही सही है कि आज ऐसा कोई एक आलोचक व्यक्तित्व नहीं है, जिसे एक सीमा तक ही सही, नयों और पुरानों दोनों का विश्वास प्राप्त हो और जिसे पढ़कर हम आलोच्य के प्रति विश्वसनीय धारणा बना सकें।

जहाँ तक हिन्दी-शोध की वर्तमान स्थिति का प्रश्न है, वह निर्विवाद रूप से चिन्त्य है। सन् 1961 ई० में डॉ० धीरेन्द्र वर्मा ने हिन्दी-शोध के स्तर को उठाने के लिए भारतीय हिन्दी परिषद के सदस्यों का ध्यान आकृष्ट किया था। उस समय अनेक विद्वानों ने हिन्दी-शोध के स्तर के सम्बन्ध में अपनी प्रतिक्रियाएँ व्यक्त करते हुए गहरा असन्तोष प्रकट किया था। आज

स्थिति बदतर हुई है। इस समय देश-विदेश में हजारों शोध-छात्र हिन्दी में शोध-कार्य कर रहे हैं। विषय-चयन एक समस्या बन गई है। इसलिए प्रत्येक विश्वविद्यालय और शोध संस्थान शोध की पृथक इकाई बन गया है। इसका परिणाम यह है कि एक ही विषय पर या मिलते-जुलते विषयों पर एक ही साथ चार-चार, पाँच-पाँच शोध कार्य हुए हैं और हो रहे हैं। शोध क्या है? उसकी पद्धति क्या है? शोध-सामग्री को व्यवस्थित और प्रस्तुत कैसे किया जाए? किन ग्रन्थों को प्रमाण कोटि में स्वीकार किया जाए? शोध और समीक्षा का परस्पर सम्बन्ध क्या है? इन विषयों को उचित जानकारी कराने की व्यवस्था नहीं के बराबर है। सैद्धान्तिक स्तर पर भी शोध का स्वरूप पूर्णत: परिभाषित नहीं है। तथ्य की खोज या तत्त्व की व्याख्या जैसी परिभाषाओं का स्वमति अनुरूप अर्थ कर लिया जाता है। इसके चलते ऐसे विषयों पर भी उच्चतम उपाधियाँ दे दी गई हैं, जो किसी भी प्रकार हिन्दी साहित्य के विषय हो हो नहीं सकते। सबसे बड़ी विडम्बना यह है कि शोध छात्र का लक्ष्य तथ्यान्वेषण या तत्त्वानुसन्धान न होकर जीविका अर्जन के लिए उपाधि प्राप्त करना मात्र रह गया है। व्याधियाँ अनेक स्तरों पर हैं। इस सम्बन्ध में हम इतना ही कहना चाहेंगे कि यदि यही स्थिति रही तो हिन्दी की आदर्श शोध-कृतियाँ हिन्दीतर राज्यों और विदेशों में लिखी जाएँगी।

यदि समीक्षा और शोध दोनों पर एक साथ दृष्टिपात किया जाए तो कहा जा सकता है कि वर्तमान हिन्दी-समीक्षा की तुलना में वर्तमान हिन्दी-शोध का स्तर नीचा है। कारण यह है कि समीक्षक को प्रतिष्ठित होने के लिए पूरे हिन्दी- जगत को प्रभावित करना पड़ता है। यह प्रमाणित करना पड़ता है कि उसमें सौन्दर्य संवेदना के साथ ही सूक्ष्म-दृष्टि, गम्भीर अध्ययन एवं सतत अनुशीलन की प्रवृत्ति भी है। इसलिए औसत व्यक्ति शीर्षस्थ समीक्षक नहीं हो सकता। दूसरा कारण यह है कि अपने यहाँ का प्राचीन समीक्षाशास्त्र अत्यन्त समृद्ध है। उसे आत्मसात करके ही आगे बढ़ा जा सकता है। यहाँ की काव्य-परम्परा भी जनसाधारण वैभवसम्पन्न है इसलिए लक्ष्य की समृद्धि लक्षण के समुन्नत होने का आधार बन जाती है। अपने यहाँ पाश्चात्य पद्धति की शोध-परम्परा नहीं रही है। इसलिए जितने पुष्ट हमारे समीक्षा-संस्कार हैं, उतने पुष्ट शोध-संस्कार नहीं हैं। समीक्षक अपनी साहित्यिक समझदारी का परिचय दिए बिना समीक्षा क्षेत्र में प्रवेश ही नहीं कर सकता, जबकि शोध के क्षेत्र में उच्चतम शोध उपाधि दो-तीन विद्वानों की कृपा के प्रतिफल रूप में भी प्राप्त हो सकती है। इसलिए हमारा समीक्षा का स्तर औसत से ऊँचा है। जिस समय

आलोचना के क्षेत्र में आचार्य शुक्ल जैसे मर्मी आलोचक दिग्गज पाश्चात्य आलोचकों के मतों का विश्लेषण करते हुए उनकी अविचारित प्रगल्भता का विरोध और सुविचारित निर्णयों का समर्थन कर रहे थे, उस समय हिन्दी-शोध का सूत्रपात ही नहीं हुआ था। 1923 तक आचार्य शुक्ल द्वारा लिखित जायसी की गम्भीर तत्त्वान्वेषिणी समीक्षा प्रकाशित हो चुकी थी, जबकि 1934 के पहले कोई भी साहित्यिक शोध प्रबन्ध नहीं लिखा गया था। समीक्षा और शोध का यह स्तर-भेद आज भी विद्यमान है। समीक्षा के स्तर का भविष्य अनिवार्यत: रचना के स्तर से जुड़ा है। रचना का सम्बन्ध प्रतिभा से है। हिन्दी की रचनात्मक उपलब्धि उसकी सामूहिक रचनात्मक प्रतिभा का द्योतक है। समीक्षा इसी रचनात्मक प्रतिभा के उत्कर्ष की विश्लेषणात्मक पुनर्रचना है। इसीलिए श्रेष्ठ रचनात्मक साहित्य का अस्तित्व स्वयं श्रेष्ठ समीक्षा की सम्भावना बन जाता है। यह दूसरी बात है कि कभी-कभी समीक्षापरक शोध और शोधपरक समीक्षा हेतु बनकर एक दूसरे को जोड़ देती है। हिन्दी में कुछ ऐसी कृतियाँ भी हैं जिन्हें शोध और समीक्षा का सेतु कहा जा सकता है।

प्रस्तुत विषय को समाप्त करते हुए हम हिन्दी के विभागाध्यक्षों एवं आचार्यों से विनम्र निवेदन करना चाहेंगे कि समीक्षा के स्तर को उठाना तो बहुत कुछ उनके वश के बाहर की बात है, किन्तु शोध के स्तर को उठाने में एक सीमा तक ये महत्त्वपूर्ण भूमिका अदा कर सकते हैं। शोधार्थी को पंजीकृत करते समय उन्हें साहित्येतर दबावों एवं व्यक्तिगत आग्रहों से मुक्त रहना चाहिए। शोध के लिए भी साहित्यिक रुचि एवं साहित्यिक समझदारी पहली शर्त है। इसे दृष्टि में रखकर आगे बढ़ने से बहुत कुछ समाधान हो सकता है।

हिन्दी के निजी आलोचना-शास्त्र की सम्भावना : पुनर्विचार

हिन्दी-आलोचना के सम्बन्ध में आज भी सामान्य धारणा यही है कि उसका कोई मौलिक रूप नहीं हो सकता। यह पूर्णतः संस्कृत और पाश्चात्य काव्यशास्त्र पर आधृत है। इस धारणा के बनने और पुष्ट होने के चाहे जितने ठोस कारण हों, इसे स्वीकार नहीं किया जा सकता। इसे स्वीकारने का अर्थ होगा हिन्दी की स्वतन्त्र सत्ता को नकारना। मेरा निवेदन है कि हिन्दी एक स्वतन्त्र भाषा है। यह विगत बारह सौ वर्षों से एक विस्तृत भू-खंड में करोड़ों मनुष्यों की अभिव्यक्ति का माध्यम रही है। अपने उद्‌भव-काल में ही हिन्दी साहित्य की अन्तर्धारा संस्कृत की शास्त्रनिष्ठ काव्य-दृष्टि से अलग लोक-हृदय से जुड़कर प्रवाहित हुई है। उसमें ऐसी अनेक कालजयी काव्य-कृतियाँ विद्यमान हैं, जिनकी श्रेष्ठता विश्वस्तर पर मान्य है। आधुनिक युग में भी उसमें गद्य और कविता दोनों ही क्षेत्रों में ऐसा बहुत कुछ लिखा गया है, जिसमें इस धरती की गन्ध है, इसके प्राणों का स्पन्दन है, इसके अधरों की मुस्कान हैं, इसकी आत्मा का तेज है, इसके सुख-दुःख की कहानी है, इसकी जय-पराजय की गाथा है और इसके पौरुष, साहस, शक्ति और संकल्प की भास्वरता है। सर्वमान्य तथ्य है कि आलोचना के मूल आधार रचना के भीतर से ही उपलब्ध होते हैं। जब हिन्दी का अपना रचना-संसार है, जब उसमें मौलिक रचनाएँ विद्यमान हैं, तब उन रचनाओं में निहित सौन्दर्य का उद्‌घाटन और विश्लेषण करनेवाली समीक्षा हिन्दी की अपनी समीक्षा क्यों नहीं है? हम एक ओर यह कहते नहीं अघाते कि तुलसी का रामचरितमानस मध्यकाल में रचित भारत की सर्वश्रेष्ठ काव्यकृति है, 'सूर-सागर' का भावोल्लास अन्यतम है, पद्‌मावत का प्रगाढ़ और दिव्य प्रेम मनुष्य को देवत्व प्रदान करनेवाला है, मानवीय गरिमा के बोध से मंडित कबीर का प्रखर व्यक्तित्व अनुपेक्षणीय है, मीराँ की अनुभूति-सघनता विरल है, घनानन्द की 'मर्मव्यथा-व्यंजक लाक्षणिकता बेजोड़ है, बिहारी का उक्ति-

वैचित्र्य-विधान और समासशक्ति अनुपम है, 'कामायनी' का उदात्त काव्यवैभव विस्मय में डालने का वाला है, 'निराला' के 'तुलसीदास' में भारतीय संस्कृति के चिन्मय रूप का तुलसी की मानसिक यात्रा के माध्यम से अपूर्व उन्मेष हुआ है, 'राम की शक्तिपूजा' का महाकाव्यात्मक औदात्य, नाटकीय मन:द्वन्द्व और अनुभूति-संश्लिष्ट-गीतिबन्ध चकित कर देनेवाला है, 'दिनकर' की 'उर्वशी' द्वन्द्वात्मक चेतना का श्रेष्ठ नाट्य-गीत्यात्मक प्रयोग है और फैंटेसी-धर्मा कवि 'मुक्तिबोध' की रचना आधुनिक भारतीय जीवन-बोध का एक दहकता इस्पाती दस्तावेज है और दूसरी ओर दयनीय भाव से स्वीकार कर लेते हैं कि हिन्दी-आलोचना कुहरे का एक ऐसा झीना पटल है, जो संस्कृत के कूप-जल की आर्द्रता और अंग्रेज़ी की आकाशीय ऊष्मा के अनैतिक संयोग से उत्पन्न हुआ है। हमें इस हीनता ग्रन्थि से मुक्त होना है। अपने स्वरूप को पहचानना है।

आज से कुछ वर्षों पूर्व हिन्दी के निजी आलोचना-शास्त्र की सम्भावनाओं पर विचार करते हुए डॉ० नगेन्द्र ने लिखा था—"कम-से-कम हिन्दी के पास इतना मूलधन अवश्य विद्यमान है कि इसके आधार पर एक अच्छे काव्यशास्त्र का निर्माण किया जा सकता है, जो संस्कृत तथा अंग्रेजो का उपजीवी न होकर हिन्दी की अपनी सम्पत्ति होगा।" इस मूलधन की ओर संकेत करते हुए डॉ० साहब ने ऐसे तीन प्रमुख आधारों का उल्लेख किया था, जिन्हें दृष्टि में रखकर हिन्दी के निजी आलोचना-शास्त्र की रूपरेखा प्रस्तुत की जा सकती है—

1. हिन्दी के लक्षण ग्रन्थों में मौलिकता,
2. हिन्दी के प्राचीन काव्य में मौलिक सामग्री,
3. हिन्दी के आधुनिक काव्य में मौलिक सामग्री।

इनमें से हिन्दी के लक्षण ग्रन्थों की मौलिकता पर मैं विशेष बल नहीं देना चाहता। हिन्दी के रीतिकालीन लक्षण-ग्रन्थ संस्कृत आचार्यों की मान्यताओं से भिन्न किसी तात्त्विक आधार की ओर संकेत नहीं करते। सामान्यतः हिन्दी के सभी आचार्यों द्वारा 'श्रृंगाररस' को विशेष महत्त्व दिया जाना, नायिका-भेद के विधान को अधिक समृद्ध करना, 'देव' द्वारा व्यंजना-शक्ति का तिरस्कार किया जाना, अलंकार-निरूपण में सादृश्यमूलक अलंकारों को विशेष महत्त्व देना तथा काव्य-गुणों में माधुर्य के प्रति विशेष रुचि दिखाना हिन्दी के आचार्यों की व्यक्तिगत रुचि एवं युग-प्रवृत्ति का द्योतक भले ही हो, इससे आलोचना का कोई मौलिक आधार नहीं प्रस्तुत होता। हिन्दी के प्राचीन और आधुनिक काव्य में उपलब्ध मौलिक सामग्री का आधार ही वास्तविक आधार है। यह सामग्री मुख्यतः दो रूपों में उपलब्ध है। एक तो प्राचीन कवियों की उक्तियों

और आधुनिक कवियों द्वारा अपने काव्य-संग्रहों के लिए लिखित भूमिकाओं के रूप में, दूसरे हिन्दी की प्राचीन एवं नवीन रचनाओं में निहित सौन्दर्य-चेतना के रूप में। वस्तुतः हिन्दी की प्राचीन एवं नवीन मौलिक रचनाओं में निहित सौन्दर्य-चेतना ही हिन्दी-समीक्षा-शास्त्र का वास्तविक आधार बन सकती है। अतः सबसे पहले यह आवश्यक है कि हिन्दी की मौलिक रचनाओं में निहित सौन्दर्य-चेतना का विश्लेषण करनेवाली हिन्दी-आलोचना की निजता को पहचाना जाए और संस्कृत तथा अंग्रेज़ी से भिन्न उसकी निजी प्रकृति को स्पष्ट किया जाए। यहाँ अत्यन्त संक्षेप में मैं हिन्दी की कालजयी कृतियों को केन्द्र में रखकर विकसित हिन्दी-आलोचना के निजी स्वरूप को स्पष्ट करने की चेष्टा करूँगा।

रचना में निहित मूल्यों के आधार पर आलोचना का स्वरूप स्थिर करने का प्रथम उल्लेखनीय प्रयत्न आचार्य शुक्ल द्वारा किया गया। रचनाओं पर दृष्टि रखने के कारण हो उन्हें परम्परागत संस्कृत काव्यशास्त्र (विशेषतः रस-निरूपण पद्धति) के सिद्धान्तों में परिष्कार की आवश्यकता का अनुभव हुआ। उन्होंने 'रस-सिद्धान्त' को सर्वाधिक महत्त्व प्रदान करते हुए उसका पुनराख्यान किया। मैं पूरे विश्वास के साथ कह सकता हूँ कि आचार्य शुक्ल ने रस-सिद्धान्त का जो विश्लेषण किया है, सहृदयता की जो पहचान बताई है, स्थायी-संचारी भावों के सम्बन्ध में जो मत स्थिर किया है, साधारणीकरण की जो व्याख्या की है, काव्यानन्द का जो विवेचन किया है, वह संस्कृत की मूल परम्परा से बहुत कुछ स्वतन्त्र है। उनके रस-चिन्तन की सबसे महत्त्वपूर्ण बात है—प्रत्यक्ष रूप-विधान के आधार पर भी रसानुभूति की स्थिति मानना। उन्होंने काव्यानुभूति को जीवनानुभूति के साथ जोड़ने का श्लाघ्य प्रयत्न किया है। उनसे असहमत हुआ जा सकता है, किन्तु उनकी मौलिक सूझ-बूझ की उपेक्षा नहीं की जा सकती। वस्तुतः वे शास्त्र को साधन मानते हैं साध्य नहीं। उन्होंने कहा है—"साहित्य के शास्त्रपक्ष की प्रतिष्ठा काव्य-चर्चा की सुमगता के लिए माननी चाहिए, रचना के प्रतिबन्ध के लिए नहीं।"[1] इस वाक्य के द्वारा उन्होंने 'रचना' के प्रति अपना झुकाव स्पष्ट कर दिया है। परवर्ती संस्कृत काव्याचार्यों से यहीं वे अलग हो जाते हैं। परवर्ती संस्कृत के आचार्यों ने शास्त्र को केन्द्र में रखकर सिद्धान्त-सूत्रों की व्याख्या करते हुए स्वरचित उदाहरण प्रस्तुत किए हैं। अर्थात् उनके लिए रचना का महत्त्व शास्त्र-स्थिति-सम्पादन-मात्र रह गया है। शुक्ल जी को यह स्थिति स्वीकार्य नहीं थी। उन्होंने आधुनिक वैज्ञानिक, दार्शनिक एवं

1. काव्य में रहस्यवाद, पृ. 94

मनोवैज्ञानिक चिन्तन का आधार लेते हुए संस्कृत-हिन्दी की कालजयी कृतियों में निहित सौन्दर्यतत्त्व के विश्लेषण को दृष्टि में रखकर संस्कृत रसशास्त्र को विकसित और परिष्कृत किया है। प्रबन्धकों में स्थायीभाव से अलग बीज-भाव की सत्ता मानना, भावों की क्षणिक, स्थायी और शील दशाएँ स्थिर करना, काव्य में विभावपक्ष को अधिक महत्त्व देना, रस की उत्तम, मध्यम और निकृष्ट तीन कोटियाँ निर्धारित करना, काव्य में आलम्बनत्व धर्म का ही साधारणीकरण मानना तथा समूची देशी-विदेशी काव्य-परम्परा को लोकमंगल की 'साधनावस्था' और 'सिद्धावस्था में विभाजित करना आदि ऐसी अनेक मान्यताएँ हैं, जिनका संस्कृत रस-सिद्धान्त के आधार पर पूरा-पूरा समर्थन नहीं किया जा सकता। जहाँ तक पाश्चात्य आलोचना-सिद्धान्तों के प्रकाश में आचार्य शुक्ल की मान्यताओं के विवेचन का प्रश्न है, यह निर्विवाद है कि उन्होंने चर्चा तो बहुतों की की है; किन्तु स्वीकार बहुत कम को किया है। न तो उन्होंने ब्रैडले महोदय के 'कला कला के लिए' सिद्धान्त को स्वीकार किया, न क्रोचे के 'अभिव्यंजनावाद' को, न उन्होंने 'प्रभाववाद' को महत्त्व दिया, न 'संवेदनावाद' और 'व्यक्ति-वैचित्र्यवाद' को। 'बिम्बवाद' और 'प्रतीकवाद' को भी आचार्य शुक्ल ने एक सीमा तक ही स्वीकार किया। सच्ची बात तो यह है कि आचार्य शुक्ल का पाश्चात्य सौन्दर्य-शास्त्र के आदि पुरुष और ग्रीक सौन्दर्यशास्त्र के जनक प्लेटो महोदय की मान्यताओं से ही मौलिक मतभेद है। प्लेटो ऐन्द्रिय-ज्ञान को प्रामाणिक नहीं मानता। सत्य को प्रत्यय रूप मानता है। इसीलिए सौन्दर्य की वस्तुनिष्ठता भी उसे स्वीकार्य नहीं है। आचार्य शुक्ल सुन्दर वस्तु से अलग सौन्दर्य की सत्ता नहीं मानते। वे 'भाव' को भी विषय सापेक्ष मानते हैं। कविता उनके लिए मनुष्य की रागात्मक चेतना का प्रसार है। यह प्रसार इसी प्रत्यक्ष जगत के रूपों और व्यापारों को आधार बनाकर ही होता है। आचार्य शुक्ल सौन्दर्य के सामान्य आदर्श को तो स्वीकार करते हैं, किन्तु वे उसे वस्तु-निरपेक्ष नहीं मानते। इस प्रकार वे उन सभी पाश्चात्य कला-समीक्षकों से अपने को अलग कर लेते हैं जो एकान्त भाववादी हैं। पाश्चात्य समीक्षकों में आई०ए० रिचर्ड्स के सिद्धान्तों को आचार्य शुक्ल ने विशेष महत्त्व दिया है, किन्तु ऐसा नहीं लगता कि रिचर्ड्स के सिद्धान्तों के अनुशीलन से आचार्य शुक्ल की मान्यताएँ स्थिर और पुष्ट हुई हैं, वरन प्रतीत यह होता है कि रिचर्ड्स के रूप में आचार्य शुक्ल को जैसे अपना एक समर्थक मिल गया है। आचार्य शुक्ल ने अपने सामने वाल्मीकि जैसे ऋषि और तुलसी जैसे महात्मा को रखा है। उनकी अनेक मान्यताएँ इन्हीं की रचनाओं पर आधृत हैं। कुछ भी हो, यह

निर्भ्रान्त रूप से मानना होगा कि हिन्दी के इस पथिकृत आचार्य को संस्कृत काव्यशास्त्र की सँकरी सीमाओं और पाश्चात्य समीक्षा-सिद्धान्त की धूमिल पगडंडियों के भीतर आबद्ध करके नहीं देखा जा सकता।

आचार्य शुक्ल की विवेचन-परम्परा में ही बाबू गुलाबराय, पं० नन्ददुलारे वाजपेयी और डॉ० नगेन्द्र के रस-चिन्तन को लिया जा सकता है। बाबू गुलाबराय ने रस-सिद्धान्त की मनोवैज्ञानिक परीक्षा करते हुए उस पर सबसे बड़ा आरोप यह लगाया था कि भारतीय रस-सिद्धान्त मानसिक विकास के साथ मनोवेगों के स्वरूप-परिवर्तन पर ध्यान नहीं देता अर्थात् रस-सिद्धान्त मनोविज्ञान की कसौटी पर खरा नहीं उतरता। इस प्रकार बाबू साहब ने रस-सिद्धान्त की सीमाओं का निर्देश करते हुए उससे अपना आलगाव प्रकट कर दिया है। पाश्चात्य दर्शन एवं मनोविज्ञान से परिचित एक प्रबुद्ध हिन्दी आलोचक के नाते उन्होंने हिन्दी-समीक्षा को रस-सिद्धान्त की सीमा और प्रभाव-क्षेत्र से अलग करके अपेक्षाकृत व्यापक आधार पर प्रतिष्ठित करना चाहा है। पं. नन्ददुलारे वाजपेयी को सौष्ठववादी एवं समन्वयशील समीक्षक माना जाता है। उन्होंने भारतीय और पाश्चात्य दोनों ही समीक्षा-शास्त्रों के समन्वित आधार पर हिन्दी-आलोचना को विकसित करने का सुझाव भी दिया है। वे 'ध्वनि-सिद्धान्त' को पश्चिम के लिए भारत की देन मानते हैं और साहित्य में भावना और बुद्धि के समन्वय और काव्य की नैतिकता पर जो चिन्तन पाश्चात्य समीक्षाशास्त्र में हुआ है, उसकी उपपत्तियों को हिन्दी-समीक्षा के लिए मूल्यवान बताते हैं। इस सन्दर्भ में स्मरणीय है कि वाजपेयी जी ने पश्चिम की वैयक्तिक मनोविज्ञान पर आधारित समीक्षा, मार्क्सवादी समीक्षा, कला-विज्ञानवादी पुरानी समीक्षा तथा उपयोगितावादी या नीतिवादी समीक्षा से बचने की बात कही है। प्रकट है कि वाजपेयी जी भारतीय और पाश्चात्य दोनों ही समीक्षाशास्त्रों से उन्हीं तत्त्वों को ग्रहण करना चाहते हैं, जो उनके सौन्दर्यबोध के निकट है। प्रमाण शास्त्र नहीं है, प्रमाण है उनकी संवेदनशीलता। यह ध्यान देने की बात है कि वाजपेयी जी की व्यावहारिक समीक्षाएँ पहले सामने आई हैं और सिद्धान्त-विवेचन से सम्बन्धित निबन्ध बाद को प्रकाशित हुए हैं। 'प्रसाद', 'पन्त', 'निराला', 'महादेवी', 'प्रेमचन्द', 'मैथिलीशरण गुप्त', 'अंचल' आदि के सम्बन्ध में उनकी स्थापनाओं ने हिन्दी-जगत का ध्यान पहले आकृष्ट किया था। 'पाश्चात्य समीक्षा के सैद्धान्तिक विकास' और 'भारतीय साहित्यशास्त्र की रूपरेखा' शीर्षक उनके निबन्ध तो बहुत बाद में सामने आए हैं। उन्होंने कहा भी है—"मेरी दृष्टि में समीक्षा का व्यावहारिक पक्ष ही प्रधान है तथा इस पक्ष की पुष्टि के लिए ही सिद्धान्तों की स्थापना और उनका

उपयोग किया जा सकता है।"[1] वाजपेयी जी की इस मान्यता से प्रकट है कि साहित्य के मूल्यांकन की उनकी समझ 'प्रसाद', 'पन्त', 'निराला', महादेवी आदि की रचनाओं के अनुशीलन से विकसित हुई थी पाश्चात्य और भारतीय-समीक्षा-सिद्धान्तों के अध्ययन से उन्होंने उस समझ को परिष्कृत और गम्भीर बनाया। आपने अपने अध्ययन और अनुभव का निचोड़ प्रस्तुत करते हुए कहा है—"साहित्य में रूप ही वस्तु है, और वस्तु ही रूप है। वस्तु और रूप के इस अनुस्यूत सम्बन्ध को समझना ही सबसे बड़ी साहित्यिक साधना है।" वस्तु और रूप के इस अनुस्यूत सम्बन्ध का बोध आपको 'प्रसाद' की 'आँसू' और 'कामायनी' तथा 'निराला' की 'राम की शक्तिपूजा' जैसी कृतियों के अध्ययन से हुआ था किन्हीं सिद्धान्तों और वादों के मनन से नहीं। यह बोध हिन्दी-समीक्षा की निजी सम्पत्ति है। अपनी साहित्य-साधना के अन्तिम चरण तक आते-आते वाजपेयी जी ने 'रस तत्त्व' को 'मानववाद' से जोड़ने की चेष्टा की है। आपने लिखा है—"जब हम कहते हैं कि 'रस' काव्य की आत्मा है, तब हमारा आशय यह होता है कि प्रत्येक काव्य में, यदि वह वस्तुतः काव्य है, मानव-समाज के लिए आह्लादकारिणी, भावात्मक, नैतिक और बौद्धिक अनुभूतियों का संकलन होता है। 'रस' शब्द से आचार्यों का आशय काव्य की इस मानवतावादी सत्ता से ही है।"[2] मेरा विश्वास है कि वाजपेयी जी ने 'रस' शब्द से जो आशय निकाला है, वह उनका अपना है, आचार्यों का नहीं। इसीलिए उन्होंने कवि-कल्पित समस्त व्यापार का साधारणीकरण माना है और रस को कवि की सौन्दर्य-साधना का पर्याय मान लिया है। यह 'आशय' हिन्दी-आलोचना के लिए काम की चीज़ है।

इस क्रम में डॉ० नगेन्द्र की चर्चा के पूर्व में आचार्य हजारीप्रसाद द्विवेदी का उल्लेख करना चाहूँगा। हिन्दी-आलोचना के क्षेत्र में द्विवेदी जी ने जिस ऐतिहासिक-सांस्कृतिक चेतना एवं उदार मानवतावादी दृष्टि के साथ प्रवेश किया, उसे पाश्चात्य एवं भारतीय सिद्धान्तों की परिधि में नहीं घेरा जा सकता। वे रोमानियत से सम्पृक्त होते हुए भी उससे मुक्त हैं। शास्त्रीय होते हुए भी अशास्त्रीय हैं। यथार्थबोध रखते हुए भी यथार्थवादी नहीं हैं। कबीर और प्रेमचन्द जैसे साहित्यकारों के प्रति अपार सहानुभूति रखते हुए भी कालिदास के लालित्यबोध और बाणभट्ट के वाणी-वैभव के प्रशंसक हैं। मानव की दुर्दम जिजीविषा की आधारभूमि पर खड़ा हिन्दी का यह विराट पुरुष सारे शास्त्रीय

1. नया साहित्य : नए प्रश्न, पृ. 134
2. राष्ट्रीय साहित्य तथा अन्य निबन्ध, पृ० 38

सिद्धान्त-सूत्रों को अपनी मुट्ठी में बन्द करके अट्टहास करता हुआ प्रतीत होता है। कहना न होगा कि द्विवेदी जी का काव्य-बोध भी बाणभट्ट और कालिदास की कालजयी कृतियों, सिद्धों और सन्तों की सहजता बोध से समन्वित वाणियों, सूर-तुलसी जैसे रससिद्ध भक्त-कवियों की रचनाओं और कवीन्द्र रवीन्द्र की भावना-भावित कृतियों के समन्वित प्रभाव से निर्मित हुआ है। द्विवेदी जी सांस्कृतिक चेतना के समीक्षक हैं, शास्त्रीय-चेतना के नहीं।

भारतीय काव्य-सिद्धान्तों के पुनराख्यान और पाश्चात्य सिद्धान्तों के विवेकपूर्ण स्वीकार की जो परम्परा आचार्य शुक्ल से आरम्भ हुई थी, वह आगे भी चलती रही। डॉ० नगेन्द्र ने 'रस-सिद्धान्त' की व्याख्या करते हुए उसकी परिधि में आभिजात्यवाद, स्वच्छन्दतावाद, आदर्शवाद, यथार्थवाद, अभिव्यंजनावाद, प्रभाववाद और प्रतीकवाद सभी का समावेश कर लिया। डॉ० नगेन्द्र को इन प्रवृत्तियों और वादों से रस-सिद्धान्त का कोई विरोध नहीं दिखाई पड़ता। प्रकट है कि डॉ० नगेन्द्र ने 'रस-सिद्धान्त' को काफी लचीला बना दिया है। शास्त्रनिष्ठ आलोचकों ने डॉ० नगेन्द्र की स्थापनाओं का विरोध किया है। यह विरोध स्वाभाविक है। वस्तुतः डॉ० नगेन्द्र के आलोचक-व्यक्तित्व का निर्माण सुमित्रानन्दन पन्त की छायावादी सौन्दर्यचेतना की प्रकाश-रश्मियों के आधार पर हुआ है। कालान्तर में डॉ० नगेन्द्र ने अपनी मान्यताओं को सन्तुलित, विकसित और परिष्कृत किया। भारतीय और पाश्चात्य काव्यशास्त्र के अनुशीलन से उनकी काव्य-संवेदना स्थिर और गम्भीर हुई। डॉ० नगेन्द्र काव्य की नई प्रवृत्तियों और सामयिक प्रश्नों से अपने संस्कारों को लिए-दिए जूझते रहे हैं। इस क्रम में उनकी रस-निष्ठा और दृढ़ हुई है। वाजपेयी जी की भाँति डॉ० नगेन्द्र का महत्त्व भी उनकी व्यावहारिक समीक्षा के कारण है। छायावादी काव्य-सौन्दर्य को परखने के क्रम में ही 'भाव' का आस्वाद समझ में आया था और उन्होंने रागात्मक आस्वाद प्रदान करने की क्षमता को काव्य की श्रेष्ठता का आधार मानकर इसी स्तर पर 'रस' की शास्त्रीय व्याख्या को केन्द्रित किया। पाश्चात्य समीक्षकों में उन्होंने एडीसन, कॉलरिज, रिचर्ड्स, क्रोचे और ईलियट को विशेष महत्त्व दिया है। किन्तु इनमें से प्रत्येक को उन्होंने आंशिक स्वीकृति ही दी है। उन्होंने एडीसन को कल्पना की प्रसादन-क्षमता की व्याख्या के लिए, कॉलरिज को काव्य में कल्पना के प्रयोग-वैचित्र्य के विवेचन के लिए रिचर्ड्स को भय और करुणा में मनोवैज्ञानिक सामंजस्य स्थापित करने के लिए क्रोचे को काव्य के मानसिक रचाव की व्याख्या के लिए और ईलियट को रचना के सौन्दर्य-विश्लेषण से हटकर रचयिता के व्यक्तित्व-विश्लेषण में

उलझनेवाली आलोचना पर उचित आक्षेप के लिए महत्त्व दिया है। डॉ० नगेन्द्र ने रचना और आलोचना के बीच सामंजस्य स्थापित करने की चेष्टा की है। रस को मनोवैज्ञानिक भूमिका पर प्रतिष्ठित करने का प्रयत्न किया है और नवीनतम काव्य-प्रवृत्तियों में भी मानव की रागात्मक चेतना के स्तर पर एकसूत्रता लक्षित करते हुए रसानुभूति से उनका सामंजस्य स्थापित किया है। अपनी सीमाओं के बावजूद हिन्दी-आलोचना को गति देने और उसकी अपनी पहचान को रेखांकित करने की दिशा में उनका प्रयत्न श्लाघ्य है।

डॉ० नगेन्द्र के बाद हिन्दी-आलोचना की निजी पहचान को रेखांकित करने के क्रम में हम कुछ ऐसे आलोचकों का उल्लेख करना चाहेंगे, जो किन्हीं विशेष आलोचना पद्धतियों के प्रति प्रतिबद्ध होते हुए भी अपनी व्यावहारिक समीक्षाओं के माध्यम से हिन्दी-आलोचना को कुछ महत्त्वपूर्ण दे सके हैं।

मार्क्सवादी समीक्षकों में डॉ० रामविलास शर्मा, मनोवैज्ञानिक समीक्षकों में डॉ० देवराज उपाध्याय, दार्शनिक सांस्कृतिक चेतना के समीक्षकों में डॉ० नन्दकिशोर देवराज, आधुनिक बोध को रेखांकित करनेवाले समीक्षकों में डॉ० इन्द्रनाथ मदान तथा भक्तिकालीन एवं आधुनिक कवियों के काव्य-सिद्धान्तों का विश्लेषण करनेवाले समीक्षकों में डॉ० सुरेशचन्द्र गुप्त उल्लेखनीय हैं। इन समीक्षकों की प्रतिबद्धता विशिष्ट समीक्षा-पद्धतियों के प्रति है, किन्तु इन सभी ने हिन्दी के सन्दर्भ में अपनी मान्यताओं को परिष्कृत और सन्तुलित किया है। डॉ. रामविलास शर्मा मार्क्सवादी समीक्षक हैं, किन्तु आचार्य शुक्ल के सम्बन्ध में अन्य मार्क्सवादी समीक्षकों से उनकी मान्यताएँ सर्वथा भिन्न हैं। श्री शिवदान सिंह चौहान आचार्य शुक्ल जी इतिहास-दृष्टि को एकांगी समाजशास्त्रीय दृष्टि और रांगेय राघव शुद्ध ब्राह्मण-दृष्टि मानते हैं, जबकि डॉ० रामविलास शर्मा शुक्ल जी को साहित्य और सामाजिक विकास की परस्पर संश्लिष्ट सम्बद्धता के प्रथम वैज्ञानिक व्याख्याता के रूप में प्रतिष्ठित करते हैं। इसके अतिरिक्त डॉ० रामविलास शर्मा ने 'भारतेन्दु', 'महावीरप्रसाद द्विवेदी', 'प्रेमचन्द' और 'निराला' की साहित्यिक उपलब्धियों का जो आकलन किया है, वह हिन्दी-समीक्षा की उपलब्धि है। डॉ० देवराज उपाध्याय ने मनोवैज्ञानिक सिद्धान्तों का प्रयोग मुख्यतः कथा-साहित्य के मूल्यांकन में किया है। डॉ० साहब ने जहाँ कहीं कथाकृतियों में शुद्ध मनोवैज्ञानिक सिद्धान्तसूत्रों के अन्वेषण की चेष्टा की है, वहाँ वे साहित्य-समीक्षक के आसन से हटकर वैज्ञानिक अन्वेषक का कर्तव्य पालन करने लगे हैं। इससे प्रमाणित होता है कि मनोवैज्ञानिक आलोचना साहित्य के क्षेत्र में शील-वैचित्र्य की व्याख्या के लिए ही उपयोगी है। इसके

आधार पर साहित्य की समग्र सौन्दर्य-चेतना का विश्लेषण नहीं हो सकता। डॉ० नन्दकिशोर देवराज ने हिन्दी-आलोचना को दार्शनिक सांस्कृतिक आधार देकर नवीन आभिजात्य प्रदान करना चाहा है। डॉ० मदान ने 'आधुनिकता' को 'मूल्य' से अधिक 'प्रक्रिया' माना है और आधुनिक हिन्दी साहित्य की सभी विधाओं में उसके विकास-क्रम को रेखांकित करने की चेष्टा की है। डॉ० सुरेशचन्द्र गुप्त ने भक्तिकालीन और आधुनिक कवियों की उक्तियों और भूमिकाओं के आधार पर उनके काव्यादर्शों को स्पष्ट करने की चेष्टा की है। अत: हिन्दी-आलोचना के निजी आधार प्रस्तुत करने में आपके निष्कर्षों से विशेष सहायता मिल सकती है।

हिन्दी-आलोचना का नया रूप 'प्रयोगवाद' और 'नई कविता' के आन्दोलनों के साथ उभरने लगा था और अब साठोत्तरी पीढ़ी की रचनाओं के मूल्यांकन के सन्दर्भ में वह बहुत कुछ साफ़ और स्पष्ट हुआ है। 'प्रयोगवाद' का आन्दोलन भाषा, शिल्प और संवेदना—तीनों स्तरों पर बदलाव की माँग का आन्दोलन था। इस आन्दोलन ने सामाजिक सन्दर्भों के बदलाव के साथ काव्य-संवेदना के परिवर्तन का महत्त्वपूर्ण तथ्य सामने रखा और नए सन्दर्भ की पृष्ठ-भूमि में काव्य में बौद्धिकता तथा आनुभूतिक संश्लिष्टता को स्वाभाविक बताया। 'अज्ञेय' जी के समीक्षात्मक निबन्धों से 'प्रयोगवाद' का काव्य-दर्शन स्पष्ट हुआ। इस आन्दोलन से आधुनिक हिन्दी साहित्य में पहली बार मध्यवर्गीय बुद्धिजीवियों की मानसिकता सामान्य जनधारा से कटकर अपनी पृथक सीमाओं का निर्माण करती हुई प्रतीत हुई। 'नई कविता' और 'नवलेखन' की प्रतिष्ठा के साथ 'नई आलोचना' का दौर आरम्भ हुआ। लक्ष्मीकान्त वर्मा ने 'नई कविता के प्रतिमान' स्थापित किए तो नामवर सिंह ने 'कविता के नए प्रतिमान' देने का प्रयत्न किया। डॉ० रघुवंश ने 'आधुनिक साहित्य के परिप्रेक्ष्य' पर विचार किया तो डॉ० जगदीश गुप्त ने 'नए साहित्य का सौन्दर्यशास्त्र' रचा तो डॉ० रामस्वरूप चतुर्वेदी ने 'काव्य और संवेदना' का महत्त्वपूर्ण प्रश्न उठाया। इसी क्रम में डॉ० नगेन्द्र ने 'नई समीक्षा नए सन्दर्भ', डॉ० बच्चन सिंह ने 'नया साहित्य आलोचना को चुनौती' और निर्मला जैन ने 'नई समीक्षा के प्रतिमान' जैसी कृतियाँ लिखकर नई समीक्षा के स्वरूप को स्पष्ट किया। अशोक वाजपेयी ने 'फिलहाल', रमेशचन्द्र शाह ने 'समानान्तर' और रामदरश मिश्र ने 'हिन्दी कविता आधुनिक आयाम' में नई समीक्षा-दृष्टि का प्रयोग करते हुए नए कवियों का मूल्यांकन किया। गद्य-विधाओं की समीक्षा के सन्दर्भ में भी 'नवीनता' को रेखांकित किया गया। श्री नेमिचन्द्र जैन ने उपन्यास, डॉ०

देवीशंकर अवस्थी और डॉ० नामवर सिंह ने कहानी तथा डॉ० लक्ष्मीनारायण लाल ने नाटक और रंगमंच की समीक्षा नए सौन्दर्यबोध के आधार पर की। डॉ० रामस्वरूप चतुर्वेदी ने 'गद्य की सत्ता' नामक पुस्तक में भाषिक संवेदना की दृष्टि से गद्य की प्राय: सभी विधाओं उपन्यास, नाटक, कहानी, निबन्ध, रेखाचित्र, संस्मरण, यात्रावृत्त, जीवनी, आलोचना—की रचनात्मक समीक्षा करते हुए यह स्पष्ट करने की चेष्टा की कि इन सभी में अनुभव को पुनस्सृजित करने की प्रवृत्ति बढ़ी है और अब इन्हें समझने के लिए अधिक संवेदनशील पाठक की आवश्यकता है। नई आलोचना की प्रतिष्ठा के साथ आलोचना की बहुत सारी नई शब्दावली रची-ढली है। 'तनाव' (टेन्शन), 'अनेकार्थता' (एम्बिगुइटी), 'विसंगति' (पैराडाक्स), 'विडम्बना' (आइरनी), 'आन्तरिक संगति' (ईस्टरनल कान्सिस्टेन्सी), 'सांकेतिकता' (जेश्चर) आदि पारिभाषिक शब्दों के सहारे भाषिक संरचना का विश्लेषण करते हुए नए आलोचकों ने नए काव्य-मूल्यों का उद्‌घाटन किया है। यह शब्दावली नवीन काव्य-संवेदना को प्रमाणित करती है।

भाषिक-विश्लेषण को आलोचना का केन्द्र मान लेने के कारण उसकी सीमा में भाषाविज्ञान का प्रवेश हुआ है और काव्यशास्त्र एवं भाषाविज्ञान की संकर सन्तान शैली-विज्ञान के रूप में समीक्षा की नई पद्धति प्रचलित हुई है। नई आलोचना रचना और आलोचना के अन्तराल को पूर्णत: समाप्त करने का दावा करती है और काव्य-मर्म की व्याख्या के लिए आलोचक की समझदारी और संवेदनशीलता को प्रमाण मानती है। यहाँ यह कहा जा सकता है कि हिन्दी की यह नई आलोचना अमेरिका के नए आलोचना-संस्थान से स्पष्टत: प्रेरित और प्रभावित है, इसलिए इसे हिन्दी-आलोचना की सहज परिणति के रूप में नहीं स्वीकार किया जा सकता। प्रश्न महत्त्वपूर्ण है, किन्तु निराश होने की आवश्यकता नहीं। अमेरिका के नए आलोचना संस्थान से प्रभावित हिन्दी-आलोचना हिन्दी के नए रचनाकारों की मानसिकता से पूर्णत: मेल नहीं खाती। हिन्दी के किसी भी समीक्षक ने नई आलोचना को उसकी मूल प्रतिज्ञा की सीमा में ज्यों-का-त्यों स्वीकार नहीं किया है। जिस 'मुक्तिबोध' को केन्द्र में रखकर डॉ० नामवर सिंह ने 'कविता के नए प्रतिमान' की सम्भावना का संकेत दिया है उनका कहना है—"भारत के उच्चतर वर्ग पश्चिम के साम्राज्यवादी देशों की अद्यतन राजनैतिक और सांस्कृतिक मनोवृत्तियों को आत्मसात करते हुए अपने सांस्कृतिक प्रभाव को विस्तृत करना चाहते हैं। छोटे या मँझोले वर्ग के महत्त्वाकांक्षी लेखक पद और प्रतिष्ठा के लोभ में उन्हीं के दरवाज़े जाते हैं

और जाने या अनजाने साहित्य में उन्हीं विचारधाराओं के, अद्यतन राजनैतिक सांस्कृतिक मनोवृत्तियों के, उन्हीं के प्रभावों और विचारों के, उन्हीं की दृष्टियों और भावों के संवाहक बन जाते हैं। यह एक वास्तविक जीवन तथ्य है, इससे इनकार नहीं किया जा सकता।" इस कथन के पीछे 'मुक्तिबोध' का आक्रोश स्पष्ट है। यह दृष्टिकोण 'मुक्तिबोध' के बाद की नई पीढ़ी के रचनाकारों का भी हो सकता है। स्पष्ट है कि यदि हिन्दी का नया रचनाकार अपने देश की वास्तविकता से जुड़ा रहकर रचना में प्रवृत्त होगा तो उस पर अमेरिका की नई आलोचना अपने ही तर्कों से लागू नहीं होगी। अमेरिका की 'नई आलोचना' की मूल स्थापना कि रचना की परख किसी पूर्व निर्धारित मानदंड के आधार पर नहीं होनी चाहिए, सिद्धान्ततः गलत नहीं है। आचार्य शुक्ल, पं० नन्ददुलारे वाजपेयी तथा डॉ० नगेन्द्र आदि ने भी इस मान्यता को अंशतः स्वीकारा है। इन सभी ने शास्त्र की अपेक्षा रचना को महत्त्व दिया है। डॉ० नामवर सिंह भी इसे अस्वीकार नहीं करते। व्यवहार में इसे कहाँ तक महत्त्व दिया जा सकेगा और इसे अत्यन्तिक महत्त्व देने का क्या परिणाम होगा यह अभी परीक्षित नहीं हो सका है। अमेरिका के नए आलोचना संस्थान के समर्थक हिन्दी आलोचक भी अपनी भारतीय परम्परा को विकसित करने की बात कहते हैं और प्रगतिशील खेमे के आलोचक भी नवीन काव्यालोचन के सन्दर्भ में ध्वनि और अर्थ-मीमांसा के आधार पर रसानुभूति का महत्त्व स्वीकार करते हैं। अतः अन्य पाश्चात्य समीक्षा पद्धतियों की भाँति यह पद्धति भी उचित परिष्कार और परिमार्जन के बाद ही हिन्दी को मान्य होगी। यह प्रसन्नता का विषय है कि अब नई समीक्षा की सीमाओं को भी पहचाना जा रहा है और इसे अतिवादी धारणाओं से मुक्त करके सन्तुलित रूप देने की चेष्टा की जा रही है।

उपर्युक्त समस्त विवेचन को ध्यान में रखकर आचार्य शुक्ल से लेकर आज तक की हिन्दी-आलोचना की निजी विशेषताओं के सम्बन्ध में हम निम्नलिखित निष्कर्ष निकाल सकते हैं—

1. हिन्दी-आलोचना में शास्त्र और रचना दोनों को प्रमाण माना है और दोनों के संश्लिष्ट सम्बन्धों पर गहरी दृष्टि रखते हुए अपने स्वरूप का निर्माण और अपनी सीमा का निर्धारण किया है।

2. हिन्दी-आलोचना संस्कृत और पाश्चात्य दोनों ही आलोचना-सिद्धान्तों से प्रेरित और प्रभावित रही है, किन्तु उसने दोनों को अपेक्षित संस्कार और परिष्कार के बाद अपनी श्रेष्ठ काव्यकृतियों की सौन्दर्य-संवेदना के अनुकूल बनाकर स्वीकार किया है।

3. हिन्दी-आलोचना भाववादी और वस्तुवादी जीवन-दृष्टियों के बीच से अपना पथ प्रशस्त करती रही है, इसलिए उसने वस्तु और रूप के बीच सन्तुलन बनाए रखा है।

4. हिन्दी-आलोचना आज भी आचार्य शुक्ल द्वारा निर्देशित दिशा में ही आगे बढ़ रही है और उसके लिए यही स्वस्थ और उचित दिशा है।

प्रस्तुत निबन्ध को समाप्त करते हुए हम यह निवेदन करना चाहेंगे कि काव्यशास्त्र के सन्दर्भ में भाषागत या देशगत विभाजन नहीं होना चाहिए यदि इस तर्क के आधार पर हिन्दी के निजी आलोचना-शास्त्र की सम्भावना को नकारा जाता है, तो वह मुझे स्वीकार्य है किन्तु इस तर्क से 'अंग्रेज़ी समीक्षा-शास्त्र' या 'पाश्चात्य समीक्षा-शास्त्र' या 'भारतीय समीक्षा-शास्त्र'—जैसी संज्ञाओं को भी नकारना होगा। जिसे 'पाश्चात्य समीक्षा-शास्त्र' कहा जाता है, वह मूलतः ग्रीक समीक्षा-शास्त्र है। जर्मनी, फ्रान्स, इंग्लैंड आदि देशों ने उसे अपने राष्ट्रीय और जातीय सौन्दर्यबोध के आधार पर विकसित किया है। अंग्रेज़ी समीक्षा के आधार सूत्र ग्रीक-समीक्षा-सिद्धान्त से गृहीत हैं। कुछ का जर्मनी से और बहुत कुछ का फ्रान्स से आयात हुआ है। इसके बावजूद यदि 'अंग्रेज़ी समीक्षा-शास्त्र' की निजी सत्ता मान्य है, तो 'हिन्दी-समीक्षा-शास्त्र' की निजता भी मान्य होनी चाहिए। संस्कृत काव्यशास्त्र से हमें दृष्टि-संस्कार और आधारभूत तत्त्व प्राप्त हुए हैं। पाश्चात्य समीक्षा ने हमारे मानसिक क्षितिज को विस्तृत किया है, किन्तु हमारा 'स्वत्व' कबीर, जायसी, सूर, तुलसी, मीराँ, देव, बिहारी, घनानन्द, भारतेन्दु, प्रसाद, पन्त, निराला, महादेवी, दिनकर, अज्ञेय, मुक्तिबोध आदि अनेक कवियों की काव्य-चेतना से ऊर्जस्वित है। जिस प्रकार तुलसीदास नानापुराण निगमागम-सम्मत लिखकर भी हिन्दी के कवि हैं, वैसे ही आचार्य शुक्ल समस्त भारतीय काव्यशास्त्र और अधिकांश पाश्चात्य काव्यशास्त्र आत्मसात करके भी हिन्दी के आलोचक हैं। पिछले 70 वर्षों में हिन्दी-आलोचना की जो समृद्धि हुई है, वह गर्व और गौरव का विषय है। उसका अपना स्वरूप बन चुका है। उसका आलोचना-शास्त्र-प्रतिष्ठित है। मात्र उसे रेखांकित करने की आवश्यकता है।

हिन्दी-आलोचना निस्तेज क्यों?

हिन्दी-आलोचना के स्तर को लेकर अनेक अवसरों पर चिन्ता प्रकट की गई है। कभी उसकी कूप मंडूकता का रोना रोया गया है, कभी उसे कलाकृति के कथ्य से उसके अकथ्य को उजागर करने में असमर्थ माना गया है और कभी यह अनुभव किया गया है कि वह जीवन-वास्तव से टकराने तथा परम्परा विचार या संवेदना में प्रासंगिक हस्तक्षेप करने में असमर्थ है। यह शिकायत नई भी है और पुरानी भी। फर्क यह है कि पहले यह शिकायत कवियों की ओर से की जाती थी। आज, आलोचकों और कवियों दोनों की ओर से की जा रही है। कवियों और रचनाकारों की शिकायत तो समझ में आती है लेकिन जब आलोचक स्वयं आलोचना की प्रकृति से असन्तुष्ट हो तो चिन्ता और बढ़ जाती है। असन्तोष और शिकायत का दौर 'छायावाद' युग से आरम्भ होता है। छायावादी कवियों को अपने समय के आलोचकों से शिकायत थी कि वे उन्हें ठीक से समझा नहीं पा रहे हैं। जो 'छायावाद' के विरोधी थे उनकी तो बात ही अलग थी, जो समर्थक थे, वे भी 'छायावाद' में निहित सांस्कृतिक चेतना एवं सौन्दर्यबोध का विश्लेषण करने में असमर्थ थे। आज भी छायावादी कविता का ठीक-ठीक मूल्यांकन कितने स्तरों पर और कितनी दृष्टियों से किया गया है? वह कितना सतही और निषेधात्मक है? उसके पीछे कितना पूर्वाग्रह और अज्ञान है। संवेदना के स्तर पर उसके आलोचक कवियों से कितना पीछे हैं उसकी चर्चा हम यहाँ नहीं करेंगे। हम फिलहाल हिन्दी-आलोचना को निस्तेज बनानेवाले कुछ प्रमुख कारणों की पड़ताल करके उन्हें सूत्रबद्ध करना चाहेंगे। हमें आज यह स्वीकार करने में कोई आपत्ति नहीं होनी चाहिए कि छायावादी कवियों की शिकायत बहुत-कुछ सही थी। 'छायावाद' के बाद 'प्रगतिवादी' कवियों के काव्यत्व पर ही प्रश्नचिह्न लग गया। प्रगतिवादी काव्य का उद्देश्य चाहे जितना जनात्मक और लोकनिष्ठ रहा हो, उसके रचाव में निस्सन्देह उस कल्पनाशीलता का अभाव था, जो यथार्थ को सम्भावना के आलोक से जोड़कर उसे बहुआयामी बनाती है और समग्रता प्रदान करती है। यही कारण है कि प्रगतिवादी कवियों की भीड़ छँटने लगी और

धीरे-धीरे केदारनाथ अग्रवाल, त्रिलोचन और नागार्जुन शेष रह गए। इसलिए प्रगतिवादी आन्दोलन के प्रति आलोचकों के रुख को बहुत अनुचित नहीं कहा जा सकता, किन्तु हिन्दी-आलोचना का दुर्भाग्य यह नहीं है कि उसने आन्दोलन के प्रति कैसा रुख अपनाया, दुर्भाग्य यह है कि कालदंड सहकर अपना वैशिष्ट्य प्रमाणित करनेवाले कवियों का भी सही मूल्यांकन नहीं किया गया। प्राय: विचारधारा-विशेष के प्रति सहमति या असहमति का भाव आलोचकों की दृष्टि को संकीर्ण और आग्रही कर देता है। अपनी विचार-परिधि में आनेवाला रचनाकार जैसा भी हो, चर्चा का अधिकारी हो जाता है, उसके बाहर पड़नेवाला समर्थ होने पर भी प्राय: उपेक्षित रह जाता है। उचित यह है कि समीक्षा सबकी की जाए। सभी के काव्य-मर्म का विश्लेषण पूरी ईमानदारी और आवयविक संघटन के सूक्ष्म विवेचन के स्तर पर किया जाए। फिर यह देखा जाए कि समीक्ष्य रचना अपनी समग्रता में प्रतिक्रियावादी है या प्रगतिवादी-धारा-विशेष के सभी कवियों की उपेक्षा साहित्यिक ईमानदारी के खिलाफ है। इसी प्रवृत्ति के कारण 'प्रगतिवाद' की परिधि में आनेवाले कवियों को उन आलोचकों ने महत्त्व नहीं दिया, जो मार्क्सवाद को मात्र आर्थिक चिन्ता का दर्शन मानते थे। दूसरी ओर मार्क्सवादी सौन्दर्यशास्त्र के प्रति निष्ठावान समीक्षकों के लिए वे कवि अपार्थ हो गए जो कला के प्रति अत्यन्त सजग होते हुए भी 'सत्य' को सतत अन्वेषण की वस्तु मानते थे और किसी लब्ध सत्य के आग्रही नहीं थे। ऐसे कवि साहित्य को सामाजिक क्रान्ति का प्रत्यक्ष साधन नहीं मानते थे और यह प्रतिपादित करना चाहते थे कि काव्य या समग्र रचनात्मक साहित्य पाठक की चेतना का संस्कार करके उसकी संवेदना को विकसित करता है। आलोचक यह भूल जाते हैं कि 'सत्य' रहित कोरा भाषिक संघटन रचना को निर्जीव निर्मिति बना देता है, दूसरी ओर समाजशास्त्रीयता का आग्रह रचना को वृत्त-कथन के दायरे में कैद कर देता है। द्विवेदी-युग जिसे हिन्दी का ज्ञान-कांड कहा गया है, वृत्त कथन के दायरे में कैद है। इसी प्रकार 'छायावादी' काव्य अनेक अवसरों पर भाषा के सौन्दर्यबादी सम्मोहन में उलझकर बाह्य यथार्थ के अनुभवों से रिक्त हो गया है। सत्य के सतत अन्वेषण के तर्क ने अनेक प्रयोगवादी रचनाओं को उपहासास्पद बनाकर पूरे आन्दोलन को बदनाम कर दिया था। हमें इसे भूलना नहीं चाहिए। सत्य के अन्वेषण का इतना ही अर्थ है कि इस प्रवहमान जगत में कुछ भी शाश्वत और स्थिर नहीं है। गति और स्थिति का द्वन्द्व सृष्टि की अनिवार्यता है। यह द्वन्द्व किसी भी दर्शन, विचारधारा या अवधारणा को देशकालातीत नहीं रहने देता। इसीलिए बड़े-से-बड़े दार्शनिक द्वारा घोषित

और निर्णीत सत्य भी कालान्तर में नई व्याख्या की माँग करता है। जब हम किसी कारण शाश्वत कहे जानेवाले जीवन-मूल्यों को देशकालातीत और ध्रुव समझकर काव्य-संवेदना को स्थिर और भाषिक-संघटन को अपरिवर्तनीय मान लेते हैं, तो रचना का पूरा ढाँचा निर्जीव और उबाऊ हो जाता है। आज जिस परिवेश में हम जी रहे हैं, उसमें परिवर्तन की गति बहुत तेज है। हमारी नैतिक मान्यताएँ, हमारी रुचियाँ, हमारे पारिवारिक और सामाजिक सम्बन्ध निरन्तर परिवर्तन की प्रक्रिया में हैं। इसीलिए हमारी संवेदना और हमारा सौन्दर्यबोध भी तेजी से बदल रहा है। आचार्य शुक्ल ने अपने इतिहास में साहित्य के उत्थानों को स्वतन्त्रता संघर्ष के विभिन्न दौरों के साथ रखकर उसमें होनेवाले बदलावों का विश्लेषण किया था। आज स्थिति यह है कि हम इन बदलावों को दशकों की सीमा में रखकर देख-परख रहे हैं। इसलिए प्रयोग और अन्वेषण का इतना ही अर्थ है कि हम निरन्तर गतिशील काव्य-संवेदना और उसे मूर्त करनेवाले भाषिक-संघटन में सामंजस्य बनाए रखें।

हिन्दी-आलोचना के साथ जुड़ी हुई उसकी दुर्भाग्य कथा का एक अन्य आयाम प्रत्येक नए काव्य-आन्दोलन को आयातित मानकर उसके प्रति शंकालु होना भी है। बाह्य प्रभाव तो भारतेन्दु-काल से ही पड़ने लगा था—नव जागरण का पूरा सांस्कृतिक उन्मेष बाह्य सांस्कृतिक बौद्धिक चेतना से भारतीय अस्मिता की मुक्ति के लिए किए गए संघर्ष की गाथा है—किन्तु 'छायावादी' काव्य-आन्दोलन के समय से पूरे आन्दोलन को बाह्य प्रभाव मानकर शंका की निगाह से देखे जाने का दौर शुरू हो गया था। अपनी अस्मिता को बनाए रखने के लिए संघर्ष कर रही सांस्कृतिक चेतना का नवागन्तुक के प्रति शंकालु होना स्वाभाविक है। कठिनाई तब पैदा होती है जब हम विवेकरहित होकर आगन्तुक का स्वागत या विरोध करने लगते हैं। हम 'छायावाद' के प्रति ही नहीं 'प्रगतिवाद', 'प्रयोगवाद' और 'नई कविता' आन्दोलनों के प्रति भी शंकालु रहे हैं। हिन्दी-आलोचना की इस शंकाकुल मनोदशा ने भी उसकी प्रकृति को प्रभावित किया है। इस प्रश्न को हम आगे चलकर 'आधुनिकता बनाम भारतीयता' के सन्दर्भ में विचार करते हुए उठाएँगे।

हिन्दी-आलोचना की दुर्भाग्य कथा का अन्त यहीं नहीं होता। उसकी एक बहुत बड़ी विडम्बना यह है कि वह क्रमशः अपनी जड़ों से उच्छिन्न होती गई है। आचार्य शुक्ल तक वह अपनी जड़ों से जुड़ी हुई थी। आचार्य शुक्ल ने अपनी परम्परागत शास्त्रीय मान्यताओं को इस ढंग से पुनर्व्याख्यायित और

विकसित किया कि नए मूल्य और मान्यताएँ उसके साथ समंजसित हो गए। इसके बाद पुनर्व्याख्या की परम्परा अवरुद्ध हो गई और एक दिन हमने सहसा घोषित कर दिया कि हमारी काव्य-संवेदना इतनी बदल गई है, हमारी रचना इतनी जटिल, बहुस्तरीय, तनावगर्भित और लक्ष्य संश्लिष्ट हो गई है कि अब पुराने मूल्य और मान अप्रासंगिक हो गए हैं। समझा यह जाने लगा कि अब सामाजिक परिवेश के ज्ञान, वैचारिक प्रतिबद्धता, साहित्य की समझ, रचनाओं के पाठ, रचनाकारों के परिचय, विदेशी साहित्य की जानकारी, यूरोपीय काव्यान्दोलनों के साथ विकसित आलोचना के प्रतिमानों की थोड़ी-बहुत समझ के सहारे अच्छी और प्रभावी आलोचना हो सकती है। बात बहुत गलत भी नहीं थी। आखिर यह सब-कुछ समझने और जाननेवाला बड़ा आलोचक क्यों नहीं हो सकता? इसमें एक ही बात भुला दी गई कि आलोचना अन्ततः रचना के आवयविक संघटनों के विश्लेषण के सहारे उसमें निहित अर्थ का उद्‌घाटन है। पूरी भारतीय काव्य-मीमांसा शब्द और अर्थ के परस्पर चारुत्व के विश्लेषण पर बल देती है। शब्द और अर्थ के अभिन्न सम्बन्धों या यों कहें कि वस्तु और रूप की अद्वैतता की जैसी गहरी छानबीन भारतीय काव्य-मीमांसा में की गई है, वैसी अन्यत्र दुर्लभ है। हिन्दी का कवि चाहे जितना नया हो शब्द तो वह परम्परा से ही ग्रहण करेगा। शब्दों में निहित अर्थ और उस अर्थ के पीछे का सन्दर्भ भी अपनी व्याख्या के लिए परम्परा और उससे विकसित संस्कार की जानकारी की माँग करेगा। इसलिए भारतीय काव्य-मीमांसा के सारे प्रतिमानों को एकबारगी दरकिनार करके सशक्त आलोचना नहीं की जा सकती। आवश्यकता भारतीय प्रतिमानों के त्याग की नहीं, नए रचना सन्दर्भ के अनुसार उन्हें विकसित करने की है। विकास का अर्थ यह कतई नहीं है कि हम नई कविता में 'रस' और 'अलंकार' की तलाश करें। विकास का अर्थ इतना ही है कि हम 'शब्द' और 'अर्थ' के सामंजस्य का विच्छेद न होने दें। भूलना नहीं होगा कि 'अलंकार' काव्य-सौन्दर्य का पर्याय है, 'रस' रचना में सन्निहित ऊर्जा और उसकी तरलता का नाम है, 'रीति' शब्द संघटना है जो रचना की ऊर्जा का अनुसरण करती है, 'वक्रोक्ति' अभिव्यक्ति भंगिमा है जो काव्यसौन्दर्य को सम्भव बनाती है, और ध्वनि (व्यंजना व्यापार) शब्द से अर्थ तक पहुँचने की लक्षित-अलक्षित प्रक्रिया है, जो उक्ति को जीवन-सन्दर्भ से जोड़ती है। यह सही है कि आज कविता का भावबोध, उसकी संवेदना, उसकी अन्तर्वस्तु और उसकी आवयविक संघटना बहुत बदल गई है। जिस देशकाल में और जिन काव्य-कृतियों को लक्ष्य में

रखकर 'अलंकार', 'रस', 'रीति', 'वक्रोक्ति', 'ध्वनि' आदि काव्य-सिद्धान्तों का विकास हुआ, न अब वह देशकाल है, न उस प्रकार की कृतियाँ। आज के पाठक समुदाय की रुचि और संस्कार भी बदल गए हैं। इसलिए किसी नए कवि की कविता को सामने रखकर यह कहना कि इसमें 'वीर' रस है या इसमें 'गौड़ी रीति' का अनुसरण किया गया है या इसमें 'प्रकरण-वक्रता' है या उसमें 'मीलित' अलंकार है, न अच्छा लगता है, न इससे कविता की अन्तर्वस्तु अथवा कथ्य का बोध ही हो पाता है। इसलिए जब हम यह कहते हैं कि हिन्दी-आलोचना अपनी जड़ों से विच्छिन्न हो गई है तो हम इतना ही कहना चाहते हैं कि भारतीय काव्य-चिन्तन की दीर्घ परम्परा में शब्द और अर्थ के सम्बन्धों की विश्लेषण-प्रक्रिया का जो ठोस आधार स्वीकृत है, प्रस्तुत-अप्रस्तुत विधान की जो गम्भीर मीमांसा की गई है, व्यंग्यार्थ निरूपण की जिस स्वच्छ प्रणाली को विकसित किया गया है, उक्ति-वैचित्र्य निरूपण के जो आधार मान्य हैं, उनसे हम प्रेरणा नहीं ले रहे हैं। यह आकस्मिक नहीं था कि अपनी समीक्षा-यात्रा के अन्तिम दौर में आचार्य शुक्ल शब्द-शक्तियों के अध्ययन में विशेष रुचि लेने लगे थे। उन्होंने यह समझ लिया था कि विज्ञान के युग में कविता में आदिम लोक-गन्ध क्रमशः कम होती जाएगी। मानवेतर जगत के वे उपादान, जिनके प्रति दीर्घकालीन साहचर्य के कारण हमारा गहरा रागात्मक लगाव है, विरल होते जाएँगे, नई सभ्यता के साथ मानवीय सम्बन्ध जटिल होते जाएँगे, कविता के आवयविक संघटन में युगान्तकारी बदलाव आ जाएगा, शब्दार्थ-मीमांसा का कार्य आसान नहीं रह जाएगा और तब शब्द से अर्थ तक पहुँचने के लिए शब्द-शक्तियों का गहन ज्ञान ही आवश्यक नहीं होगा इनकी परम्परा को नए युग से भावबोध के अनुसार परिष्कृत, परिमार्जित और विकसित करना होगा। उनका विश्वास था कि प्राचीन भारतीय प्रतिमानों में 'अलंकार', 'रस' और 'शब्द-शक्ति' बड़े काम के हैं। बड़े काम के हैं का अर्थ इतना ही है कि इनके विकास के आधार-तत्त्व ठोस हैं, इसलिए इनको नए सन्दर्भ में विकसित करके उपयोग में लाया जा सकता है। 'नई कविता' के दौर में जब नए प्रतिमानों की खोज होने लगी तो शीतयुद्ध की रणनीति के अन्तर्गत सांस्कृतिक स्वतन्त्रता-आन्दोलन के साथ अमेरिकी कला-सिद्धान्तों की जो झोंक यहाँ आई उसने समीक्षा-जगत को मुग्ध कर लिया। कवियों ने बार-बार यह दावा किया कि 'नई कविता' में जो जीवन-सन्दर्भ मूर्त हो रहे हैं, वे भारतीय निम्न मध्यवर्ग और मध्यवर्ग के हैं। वे 'अनुभूति की प्रामाणिकता' पर आधृत हैं। उस समय

यह बलपूर्वक स्थापित किया गया कि विचारधारा, सामाजिक प्रतिबद्धता या मानवीय मूल्यों की अर्थवत्ता प्रामाणिक नहीं है। प्रामाणिक है तो केवल कवि की अपनी अनुभूति। इसी दौर में 'मीनिंगफुल एम्बिग्यूयिटी' (साभिप्राय अस्पष्टता) और 'एबसर्डिटी' (विसंगति) जैसे मूल्यों को भी महत्त्व दिया गया। अच्छा हुआ जो सातवें दशक के आरम्भ में ही उनके प्रति शंका की जाने लगी और शीघ्र ही इनका दौर समाप्त हो गया। 'मुक्तिबोध' ने सबसे पहले 'नई कविता' के दौर में खोजे गए नए प्रतिमानों के पीछे राजनीतिक उद्‌देश्य को पहचाना था और कहा था—"नई कविता के डिफेन्स में जब प्रगतिवादी दृष्टि का विरोध किया गया तब सबसे पहले जीवन और काव्यानुभूति की समानान्तरता का, पैरेलेलिज़्म का, सिद्धान्त स्थापित किया गया। कहा गया कि जीवन में प्राप्त होनेवाली अनुभूतियाँ और सौन्दर्यानुभूति ये दो चीजें अलग-अलग हैं। बाह्यतः स्पष्ट-सी दीखनेवाली इस बात के पीछे एक स्पष्ट-अस्पष्ट राजनीतिक उद्‌देश्य था । वह यह कि कवि के काव्य-जीवन और वास्तविक जीवन इन दोनों में अविच्छिन्नता और मौलिक एकता को कुहरिल कर दिया गया। यह सिद्धान्त एक बहुत ही खतरनाक मान्यता है।" 'नई कविता' और तथाकथित 'नई आलोचना' के दौर के बाद जो आलोचना लिखी गई और लिखी जा रही है, उसमें प्रतिमानों को सूत्रबद्ध करने की परम्परा समाप्त हो गई है। यह समझ लिया गया है कि सूत्रबद्ध कर देने पर प्रतिमानों के जड़ होने का खतरा है। यह समझ आज के रचना-संसार और उसमें होनेवाले बदलाव की गति को देखते हुए ठीक ही है। यह होने पर भी आलोचना की भाषा अपने ढंग से विकसित हो रही है। उसमें पारिभाषिक शब्दों का प्रयोग और रचाव भी जारी है। अब ऐसा देखा जा रहा है कि रचनाकार का मानसिक क्षितिज या उसका ज्ञानात्मक संवेदन अपने भीतर भौतिकी, नृशास्त्र, समाजशास्त्र, मनस्तत्त्व, भाषाविज्ञान, इतिहास, राजनीति, अर्थशास्त्र, दर्शन, सौन्दर्यशास्त्र, नीतिशास्त्र की उपलब्धियों को समेटकर आधुनिक मनुष्य के बहुआयामी और बहुस्तरीय जटिल एवं द्वन्द्वात्मक जीवन-बोध को मूर्त करने के प्रयत्न में इतना विस्तृत हो गया है कि अकेले काव्यशास्त्रीय शब्दावली उसका विश्लेषण नहीं कर पा रही है। इसलिए अन्तर-अनुशासनीय शब्दावली विकसित किए बिना आधुनिक युग की कवि-मनीषा का पूरा साक्षात्कार नहीं किया जा सकता। आलोचक के सामने 'रचना' आज ऐसी चुनौती बन गई है, जिसे स्वीकार करना आसान नहीं रह गया है। पारिभाषिक शब्दों के प्रयोग और रचाव में भी कम ख़तरे नहीं हैं।

पारिभाषिक शब्द कैसा भी होगा उसमें 'सामान्य विचार' या 'अवधारणा' अवश्य होगी। पारिभाषिक शब्द बिम्बाधायक नहीं होते। उनकी प्रकृति सामान्यीकरण की होती है। इसके विपरीत कविता की प्रकृति बिम्ब-विधायिनी होती है। 'बिम्ब' और 'प्रतीक' भी जब बासी हो जाते हैं तो रचनाकार मूर्तीकरण के दूसरे आधार ढूँढ़ लेता है। इसलिए आलोचना को प्राणवान और सजीव बनाए रखने के लिए उसे पारिभाषिक शब्दावली के दबाव से मुक्त रखना होगा। रचना और आलोचना के द्वन्द्व का एक कारण दोनों का यह प्रकृतिभेद भी है। एक ओर तो जितने भी नए और पुराने प्रतिमान आधार रूप में ग्रहण किए जाते हैं वे अपनी पारिभाषिकता के साथ आते हैं। दूसरी ओर रचना जीवन-सन्दर्भों और उनके भीतर लक्षित होनेवाली मन:स्थितियों को उनके पूरे विस्तार और वैविध्य में मूर्त करती है। इन स्थितियों के व्यापक और आधारभूत कारण को ही हम सामान्यीकृत करके विशिष्ट पारिभाषिक शब्दावली में व्यक्त कर सकते हैं। उदाहरण के लिए आज की हिन्दी-कविता में नैतिक स्खलन, दहशत, आतंक, असुरक्षा, अन्याय, बेचैनी, उदासी, आडम्बर, चीख, क्रूरता, लाचारी, तल्खी, बौखलाहट, सनसनी आदि जो स्थितियाँ मूर्त हो रही हैं, यदि हम उनके लिए किसी एक पारिभाषिक शब्द का प्रयोग करना चाहें तो उपभोगवादी व्यवस्था के अन्तर्गत मनुष्य की नियति' या इसी प्रकार की किसी अन्य शब्दावली का प्रयोग करके छुट्टी पा लेंगे। इससे रचनाओं के भीतर छटपटाते हुए कवि-मानस का यथार्थ साक्षात्कार नहीं हो पाता। इसी प्रकार रचना के आवयविक संघटन को विशिष्ट नाम देने से रचना के शिल्प का पूरा ढाँचा प्रत्यक्ष नहीं हो पाता। एक ओर बिना पारिभाषिक शब्दावली के आलोचक का काम नहीं चलता, दूसरी ओर पारिभाषिक शब्दों की सूत्रबद्धता आलोचना को जड़ बना देती है। शायद इसीलिए प्रत्येक कवि के रचना-संसार उसकी मन: प्रवृत्ति, उसके काव्य-बोध, उसकी कविता के रचाव, उसके शब्द चयन, उसकी प्रेरणा-भूमि को अधिक विश्वसनीय ढंग से व्यक्त करने के लिए अब अलग-अलग आलोचना-दृष्टि विकसित करने की आवश्यकता महसूस की जाने लगी है। कुछ भी हो, चाहे युग-विशेष के सभी कवियों के लिए काव्यशास्त्र की तलाश हो या प्रत्येक कवि के लिए अलग-अलग (उसकी काव्य-दृष्टि के समानान्तर) आलोचना-दृष्टि विकसित करने की आवश्यकता, प्रत्येक स्थिति में आलोचक को शब्द से अर्थ तक की यात्रा तो करनी ही होगी। कविता चाहे पुरानी हो या नई, बासी हो या टटकी, बड़ी हो या छोटी, शब्दबद्ध ही होगी। 'कविहिं

अरथ-आखर बल साँचा' तुलसी की यह पंक्ति आज भी सार्थक है। आगे भी रहेगी। आखिर हिन्दी को अपनी परम्परा के प्रतीक कवि त्रिलोचन भी तो यही कहते हैं—

मैंने करने जैसा, क्या कोई काम किया,
शब्द ही तो थे केवल खेलता रहा जिनसे,
मैं जी भर।

कवि शब्दों से खेलेगा। जीवन को स्थितियों को शब्दों में बाँधेगा। आलोचक शब्दों में निहित जीवन-मर्म का उद्घाटन करेगा। कवि-कर्म और आलोचना-कर्म का समानान्तर द्वन्द्वात्मक विकास होता रहेगा। इस यात्रा को निजी पहचान देने के लिए भारतीय काव्य-चिन्तन के आधार-तत्त्वों के मन्थन की आवश्यकता है। हिन्दी-आलोचना की विडम्बना यह है कि जो भारतीय काव्यशास्त्र से परिचित हैं, वे उससे इतना अभिभूत हैं कि नए काव्य-बोध और नई काव्य-दृष्टि से परिचय ही नहीं प्राप्त करना चाहते, दूसरी ओर वे हैं, जो पाश्चात्य आलोचना-शास्त्र से सम्बद्ध हैं। इसके विकास-यात्रा से पूरी तरह परिचित हैं, वे उससे इतना आक्रान्त हैं कि उसकी परिधि से बाहर निकलना ही नहीं चाहते। उन्हें शायद यह पता ही नहीं है कि शब्दार्थ-मीमांसा के भारतीय आधार-तत्त्व क्या हैं? और जो दोनों से परिचित हैं वे ऊहापोह की स्थिति में हैं, कभी कुछ कहते हैं, कभी कुछ। उदाहरण के लिए डॉ० नामवर सिंह सन् 1974 तक यह मानते रहे हैं कि 'अर्थ-मीमांसा' को पद्धति (उनके अनुसार रस-सिद्धान्त के दो पक्षों में से एक) बहुत-कुछ सम्प्रदाय-निरपेक्ष व्याकरण-दर्शन से सम्बद्ध होने के कारण प्राचीन काल के समान ही आज भी रचनात्मक विकास की सम्भावनाओं से युक्त है, किन्तु अब वे यह कहने लगे हैं कि आलोचना को जड़ता से मुक्त करने के लिए ऐसे सिद्धान्त को विकसित करने की आवश्यकता है, "जो साहित्य में विचारधारा की विविध अभिव्यक्तियों के विश्लेषण में सक्षम हो—भाषा के स्तर से आरम्भ कर रूपविन्यास के स्तर पर ठहरते हुए अन्ततः अन्तर्वस्तु को उद्घाटित करे। प्राप्त 'रस-सिद्धान्त' अथवा सुलभ 'ध्वनि-सिद्धान्त' से यह कार्य सम्भव नहीं है और नहीं है सम्भव अलंकार-शास्त्र के किसी अन्य सम्प्रदाय से।" डॉ० नामवर सिंह ने यह नहीं बताया कि अर्थ-मीमांसा की जो पद्धति अभी कल तक सम्प्रदाय-निरपेक्ष होने के कारण रचनात्मक सम्भावनाओं से युक्त थी, वह आज अप्रासंगिक कैसे हो गई? क्या अब वाक्य में जो शब्द प्रयुक्त हो रहे हैं वे 'जाति', 'गुण', 'क्रिया', 'यदृच्छा' से अलग

किन्हीं अन्य संकेतों की माँग कर रहे हैं? क्या अब 'व्याकरण', 'उपमान', 'कोश', 'आप्तवाक्य', 'व्यवहार', 'वाक्यशेष', 'विवृति' तथा 'सिद्धपद के सान्निध्य' के अतिरिक्त अर्थ-ग्रहण के संकेतों के अन्य आधार विकसित हो गए हैं? क्या अब 'वाच्यार्थ', 'लक्ष्यार्थ' और 'व्यंग्यार्थ' के अतिरिक्त अर्थ-ग्रहण की अन्य प्रणालियाँ (जो इनके भेद-अभेदों से अलग अस्तित्व रखती हैं) कार्य कर रही हैं? क्या अब ऐसे वाक्य रचे जा रहे हैं, जिनका तात्पर्य ग्रहण करने के लिए श्रोता की जिज्ञासा (आकांक्षा) पदार्थों के अबाध सम्बन्ध, (योग्यता), वर्णों के उच्चारण में सान्निध्य (सन्निधि) के अतिरिक्त अन्य तत्त्वों की आवश्यकता महसूस हो रही है? और यदि यह सब व्यर्थ हो गया है तो क्या वह सम्प्रदाय-निरपेक्ष व्याकरण-दर्शन भी अप्रासंगिक हो गया है, जिसके आधार पर यह पूरी प्रणाली विकसित हुई थी। डॉ० केदारनाथ सिंह की एक कविता है—'रास्ता'। इसमें रास्ता चलते-चलते अचानक रास्ता खत्म हो जाता है। और तब रास्ते की तलाश करनेवाले एक बूढ़े किसान के पास जाकर पूछते हैं—" दादा रास्ता किधर है ?" बूढ़ा कुछ नहीं बोलता, वह एक ढेला उठाता है और एक झुकी हुई, चरती हुई काली गाय की तरफ फेंक देता है। रास्ते की तलाश करनेवाले देखते हैं कि जिधर ज्वार की लटकी हुई थैलियों (इसे गाँव में 'थोपा' कहते हैं जो शायद 'स्तोक' से बना है।) को चीरती हुई गाय चली जा रही थी उधर घास में भँसे हुए खुर की तरह रास्ता चमक रहा था। मेरा विश्वास है कि बूढ़ा व्याकरण-दर्शन अभी भी घास में छिपे रास्ते की ओर इशारा कर सकता है। लेकिन कठिनाई तो यह है कि हम बूढ़े के अनुभव से लाभ ही नहीं उठाना चाहते। प्रो० एफ०आर० लीविस, जिन्होंने अंग्रेज़ी समीक्षा को जड़ता से मुक्त किया था और जो यह मानते थे कि नैतिक मूल्य कविता की समग्र संरचना में सन्निहित होते हैं, उन्हें अलग से तलाशने की आवश्यकता नहीं, और जो कविता की समग्र संरचना के सूक्ष्म विश्लेषण के आधार पर उसमें सन्निहित जीवन की तलाश को आलोचक का दायित्व मानते थे, की पूरी विश्लेषण-प्रक्रिया का अध्ययन किया जाए तो स्पष्ट हो जाएगा कि वे भाषा की शक्ति के समय स्रोतों, गहन साहित्यिक साधना से लब्ध रूप-विन्यास के समग्र सम्भावित आधारों तथा परम्परा से प्राप्त आधारभूत विश्लेषणात्मक उपादानों को समीक्ष्य कृति के विश्लेषण का आधार बनाकर आलोचना कर्म में प्रवृत्त होते थे। इसी को वे साहित्यिक समझदारी मानते थे (कहना न होगा कि शब्दार्थ-मीमांसा की स्वच्छ प्रणाली के अभाव में आज काव्यार्थगत बहुलतावाद का खतरा पैदा हो गया है।)

यदि संस्थानगत बहुलतावाद परिवर्तन की सम्भावना को समाप्त कर सकता है, तो काव्यार्थगत बहुलतावाद पूरी आलोचना-पद्धति को विश्वसनीय बना सकता है। खैर, इस सम्बन्ध में बहुत कहा जा सकता है, किन्तु अभी तो हम अपने को कुछ मूलभूत प्रश्नों तक ही सीमित रखना चाहेंगे।

हिन्दी-आलोचना को निस्तेज करने में सबसे अहम भूमिका उसको अविश्वसनीयता है। आलोचना का ऐसा कोई दौर नहीं है, जिसमें मान्य आलोचकों ने किसी महत्त्वपूर्ण मुद्‌दे पर निर्विवाद निर्णय दिया हो। अलग-अलग दो विरोधी विचार-सम्प्रदायों से सम्बद्ध या दो अलग-अलग काव्य-मूल्यों के हिमायती आलोचकों के निर्णयों में भेद स्वाभाविक है। कठिनाई तब होती है, जब एक ही विचारधारा के प्रति प्रतिबद्ध आलोचक इतिहास और आलोचना के महत्त्वपूर्ण मुद्‌दों पर अलग-अलग मत व्यक्त करते हैं। कोई भी आलोचक रचना-विशेष या रचनाकार-विशेष के सम्बन्ध में अपने पूर्व-निर्णय को बदल सकता है, क्योंकि यह माना जा सकता है कि समय के साथ उसकी समीक्षा-दृष्टि बदल गई है, किन्तु कैसे सम्भव है कि एक ही समीक्षक लगभग एक ही कालावधि में एक ही रचनाकार के विषय में विरोधी निर्णय दे। इस प्रकार के निर्णय सबसे अधिक तब खलते हैं जब परम्परा के मूल्यांकन-क्रम में प्रेरक और मान्य सन्दर्भों को नकारा जाता है या जब पूरे भारतीय साहित्य के सन्दर्भ में हिन्दी साहित्य का मूल्यांकन करते हुए राष्ट्रीय स्वतन्त्रता-संग्राम में उसकी भूमिका को अस्वीकार कर दिया जाता है और दो महायुद्धों के बीच के हिन्दी साहित्य को कुंठा का साहित्य घोषित कर दिया जाता है या आधुनिकता बनाम भारतीयता के मुद्‌दे पर निर्णय देते हुए यह भुला दिया जाता है कि कोई भी लेखक यदि भारत का है, उसका मानसिक संघटन भारतीय परिवेश में हुआ है और वह सृजनशील है तो उसकी रचना भारतीय ही होगी। अभारतीय या विदेशी तत्त्वों से जुड़कर अपनी परम्परा से कट जाने की आशंका या प्रत्येक नई प्रवृत्ति को बाह्य घोषित करके उसके प्रति टोटल नकार की मुद्रा हमारी सृजनशीलता को कुंठित कर रही है। यह सही है कि आज विदेशों से हमारा सम्पर्क बढ़ गया है। विचारों और मूल्यों की टकराहट की सम्भावनाएँ भी कम नहीं हैं। हीनता-ग्रन्थि से पीड़ित होने के कारण हम विदेशी साहित्य को कुछ अधिक महत्त्व दे रहे हैं। आज हम विदेशी साहित्य पढ़ रहे हैं। अनेक विदेशी विश्वविद्यालयों में पढ़ने-पढ़ाने के लिए जा रहे हैं, तो प्रभाव तो पड़ेगा ही। आधुनिक हिन्दी साहित्य की ऐसी कई विधाएँ हैं जिनका विकास ही विदेशी प्रभाव के कारण हुआ है। प्रश्न प्रभाव

का नहीं, प्रभाव में पड़कर अपने निजत्व को खो देने का है। आलोचकों का दायित्व यह है कि वे रचनाकारों को हिन्दी की समृद्धि के उद्देश्य से विदेशों की प्रख्यात कृतियों के अध्ययन के लिए उत्साहित और प्रेरित करें, किन्तु उन्हें कुंठित होने से बचाएँ। यदि हिन्दी के रचनात्मक और आलोचनात्मक साहित्य को अपने स्वत्व को स्थापित करना है, तो भारत की प्रत्येक समृद्ध भाषा और विदेशों के समस्त स्थायी महत्त्व के साहित्य से गहरा परिचय प्राप्त करना होगा। और इस गहन परिचय के बाद उसकी परख अपने हजारों वर्षों के उदात्त साहित्य-संस्कारों के आलोक में करनी होगी। सच्चा रचनाकार अपने समय में स्थित होता है, ठीक है, लेकिन जिसे वह अपना समय समझता है क्या उसमें विगत अतीत का सर्वश्रेष्ठ सारतत्त्व समाहित नहीं है? क्या तुलसीदास अपने समय में स्थित नहीं थे और क्या जहाँ जिस मनोभूमि में वे खड़े थे उसमें उनके पीछे का शताब्दियों का इतिहास अपने सर्वश्रेष्ठ मूल्यबोध के साथ उपस्थित नहीं था। क्या यही स्थिति रवीन्द्रनाथ टैगोर और 'निराला' की नहीं है? रवीन्द्रनाथ टैगोर की 'गीतांजलि' पढ़कर डब्ल्यू०बी० येट्स ने कहा था—"ये गीत अपने विचारों में उस संसार को अभिव्यक्त करते हैं, जिसका सपना मैं अपने सारे जीवन में देखता रहा हूँ।" जिस संसार का सपना यूरोप का कवि अपने सारे जीवन में देख रहा था, उस संसार की जड़ें भारतीय औपनिषदिक चिन्तन में थीं। रवीन्द्रनाथ टैगोर ने पश्चिमी सभ्यता के झोंकों के लिए अपने मन के दरवाजे खोल दिए थे, लेकिन उनके मन की मणियाँ अपनी परम्परा के आलोक से दीप्त थीं। 'निराला' छायावाद-युग की विभूति हैं, किन्तु उनके कवि-मानस के रचाव में वाल्मीकि से लेकर उनके निकट-पूर्व युग तक के सारे काव्य-संस्कार संक्रमित होकर पुँजीभूत हो गए थे। भूलना नहीं होगा कि नए प्रयोग भी वही कर सकता है जो परम्परा की गहरी पहचान रखता है। आज का हिन्दी रचनाकार और आलोचक प्रभावों को लेकर इसीलिए चिन्तित है कि उसको अपनी गौरवपूर्ण परम्परा से शक्ति ही नहीं प्राप्त है। मैं ऐसे कई प्रतिष्ठित रचनाकारों और नामी आलोचकों को जानता हूँ जिन्होंने वाल्मीकि, कालिदास, भवभूति और बाणभट्ट की बात तो दूर तुलसीदास की रामायण भी पूरी नहीं पढ़ी है। 'निराला' के आलोचक हैं किन्तु न रवीन्द्रनाथ टैगोर के रचना-संसार से पूरा परिचय है न विवेकानन्द के दर्शन और तुलसी के 'मानस' से। मुझे यह मुगालता नहीं है कि वाल्मीकि, टैगोर और तुलसीदास को पढ़कर 'निराला' की सही आलोचना की जा सकती है। पांडित्य और आलोचना एक नहीं है। लेकिन कवि-विशेष की

समग्र काव्य-भूमि में संचरण के लिए व्यापक अध्ययन और तत्त्वाभिनिवेश जरूरी है। आखिर आचार्य रामचन्द्र शुक्ल, आचार्य हजारीप्रसाद द्विवेदी, डॉ० रामविलास शर्मा और डॉ० नामवर सिंह ही बड़े आलोचक क्यों हैं? इसीलिए न कि इन्होंने ज्ञान की अनेक धाराओं से परिचय प्राप्त किया है। इनका मानसिक क्षितिज विस्तृत है। इनमें तत्त्वाभिनिवेश की क्षमता है। अंग्रेज़ी में कॉलरिज और रिचर्ड्स जैसे समीक्षक आज भी अपने व्यापक अध्ययन के लिए विख्यात हैं। इन्होंने दर्शन, नीतिशास्त्र, मनोविज्ञान, सौन्दर्यशास्त्र तथा विज्ञान के आधारभूत तत्त्वों का विशद अध्ययन किया था। रचनाकार और रचना से आतंकित होकर उसकी विश्वसनीय समीक्षा नहीं की जा सकती। प्राय: रचनाकारों और रचनाप्रवृत्तियों के मूल्यांकन में जो व्यापक मतभेद दिखाई पड़ता है उसके दो बड़े कारण हैं। एक कारण तो यह है कि आलोचक प्राय: अपनी आलोचना-दृष्टि के बने-बनाए चौखटे से बाहर नहीं निकलना चाहते। जितने चौखटे हैं उतने निर्णय। दूसरा कारण है, कवियों के व्यक्तित्व से, उनके जीवन-संघर्ष से, उनके व्यापक, बहुस्तरीय, वैविध्य धर्मी रचना-संसार से और उनके अन्तर्विरोधों से टकराने की क्षमता का अभाव। आधुनिक युग के मात्र चार कवियों को लीजिए—'प्रसाद', 'निराला', 'मुक्तिबोध' और 'अज्ञेय'। इन चारों के रचना-संसार से टकरानेवाले आलोचकों की गणना करते समय अनामिका को सार्थवती बनाना होगा। सम्भवत: इसीलिए एक रचनाकार ने हिन्दी-आलोचना को रिडक्टिव (Reductive) कहा है। हिन्दी-आलोचना रिडक्टिव चाहे न हो, किन्तु जिस रूप में आज वह अपनी पहचान कायम करना चाहती है, नहीं कर पा रही है और वह इसीलिए कि अनेक कारणों से उसकी विश्वनीयता सन्दिग्ध है।

हिन्दी-आलोचना के निस्तेज होने का एक अन्य कारण शायद यह भी है कि आज उसमें कोई प्रमाण-पुरुष नहीं है। स्वतन्त्रतापूर्व-युग में कम-से-कम 1920 से 1940 तक की अवधि में आचार्य शुक्ल को यह गौरव प्राप्त था। वे हिन्दी-आलोचना के प्रमाण-पुरुष थे। उनका विरोध था। उनसे असहमति थी। किन्तु स्थापनाएँ और निर्णय उन्हीं के स्वीकृत होते थे। उनके बाद आलोचना का क्षेत्र अलग-अलग प्रतिबद्धताओं, पद्धतियों और प्रभावों में बँटकर बिखर-सा गया। 'नई कविता' के दौर में आलोचना शिविर-बद्ध होती गई। कविता के अलग-अलग केन्द्र स्थापित हुए। कविता के पुराने प्रतिमान अप्रासंगिक हो गए। नए प्रतिमानों की खोज होने लगी। कवि स्वयं काव्य मर्म के व्याख्याता हो गए। साहित्य की केन्द्रीय-विधा के लिए 'नई कविता' और 'नई कहानी'

में स्पर्धा होने लगी। इस दौर के सर्वाधिक प्रतिभासम्पन्न आलोचक डॉ० नामवर सिंह 'आधुनिक साहित्य की प्रवृत्तियाँ' और 'छायावाद' की समीक्षा करने के बाद 'नई कहानी' के विश्लेषण में प्रवृत्त हुए। उस समय ऐसा लगा कि कहानी समीक्षा के केन्द्र में आ जाएँगी, किन्तु शीघ्र ही कविता-समीक्षा महत्त्वपूर्ण हो गई। 'आधुनिकता बोध' की चर्चा फैशन में आ गई। आधुनिकता बोध की आँधी में पुराने वृक्ष धराशायी हो गए। पुरानी प्रतिमाएँ खंडित हो गईं। 1960-62 तक धीरे-धीरे इस आँधी का वेग कम हुआ। 1968 में डॉ० नामवर सिंह ने 'कविता के नए प्रतिमान' लिखकर यह घोषित कर दिया कि प्रतिमानों को सूत्रबद्ध करने से आलोचना के क्षेत्र में रूढ़ियों का निर्माण होता है, इसलिए प्रतिमानों की स्थापना से हटकर अर्थ-मीमांसा के द्वारा काव्यार्थ ग्रहण की प्रक्रिया पर बल दिया जाना चाहिए। काव्यार्थ-ग्रहण की प्रक्रिया मूल्यबोध के विकास में सहायक होती है। अर्थ-मीमांसा के द्वारा काव्यार्थ-ग्रहण की प्रक्रिया की स्थिति आज यह है कि 'मुक्तिबोध' की प्रसिद्ध कविता 'अँधेरे में' आलोचकों के लिए चुनौती बन गई है। जितने आलोचक उतने काव्यार्थ। साहित्य की प्रत्येक विधा आज आलोचक के लिए चुनौती बन गई है। इसलिए अब अलग-अलग विधाओं के अलग-अलग आलोचक बन गए हैं। कहानी, नाटक, उपन्यास आदि विधाओं के अलग-अलग आलोचक हैं। ऐसा कोई केन्द्रबिन्दु नहीं है, जहाँ हिन्दी-आलोचना अपनी पूरी शक्ति से सक्रिय दिखाई दे। यह प्रश्न बार-बार उठाया जाता है कि हिन्दी-आलोचना कविता-केन्द्रित है। आलोचना के स्तर पर उपन्यास, कहानी, नाटक तथा अन्य गद्य-विधाएँ लगभग उपेक्षित हैं। इनकी आलोचना की भी जाती है तो प्रतिमान कविता के ही लागू किए जाते हैं। यह शिकायत नई कहानी के दौर से ही शुरू हो गई थी। इसका कारण यह है कि हिन्दी आलोचक के सामने गद्य विधाओं के अपने समीक्षाधार थे ही नहीं। इसलिए जब कहानी और उपन्यास की समीक्षा का प्रश्न उठा तो पश्चिम के 'फिक्शन क्रिटिसिज़्म से सहायता लेना अनिवार्य हो गया। 'नाटकों' के सन्दर्भ में ऐसा नहीं कहा जा सकता। भारतीय नाट्यशास्त्र समृद्ध था। लेकिन नए जीवन-सन्दर्भ और भावबोध को लेकर लिखे जानेवाले नाटकों की समीक्षा के लिए उसका आधार बहुत दूर तक नहीं लिया जा सकता था। इसलिए यहाँ की हिन्दी-रंगमंच की परिकल्पना का प्रश्न पाश्चात्य शैली के स्वीकार-नकार के द्वन्द्व का शिकार हुआ। मौलिक रंग-विकास के लिए शास्त्र और लोक को एक में जोड़ने का प्रयास प्रायः असफल हुआ है। हिन्दीभाषी प्रदेश के जीवन-

यथार्थ को मूर्त करनेवाले श्रेष्ठ नाटक भी कम लिखे गए। मोहन राकेश और लक्ष्मीनारायण लाल के प्रयत्नों से जो मार्ग प्रशस्त हुआ था उसका अपेक्षित विकास सम्भव नहीं हो पा रहा है। नाटकों की समीक्षा भी अच्छे नाटकों की रचना और उसके सार्थक एवं प्रभावी मंचन के लिए विकसित रंगमंच के होने पर ही अपनी मौलिक पहचान बना सकती है। यद्यपि साहित्य के बहुआयामी विकास के दौर में आज हम यह आशा तो नहीं कर सकते कि सभी विधाओं की समीक्षा में समर्थ कोई एक प्रमाण-पुरुष हिन्दी-आलोचना का पथ-प्रदर्शन करेगा, किन्तु यह आशा तो हम कर ही सकते हैं कि आज जो समीक्षक समीक्षा-विधा को दिशा और गति दे रहे हैं, वे कविता-केन्द्रित न रहकर गद्य-विधाओं की समीक्षा में भी प्रवृत्त हों। मान लीजिए यदि उन्हें आचार्य शुक्ल के हिन्दी साहित्य के इतिहास के बाद उसी परम्परा में इतिहास लिखना पड़ा तो कविता के अतिरिक्त अन्य विधाओं के बारे में कुछ तो कहना ही होगा। साहित्य के मौलिक इतिहास-लेखन का दायित्व 'लेखकों के समूह' पर तो छोड़ा नहीं जा सकता। यह कार्य दूसरी-तीसरी श्रेणी के लेखकों से कराना भी ठीक नहीं होगा। आलोचना-दृष्टि के अभाव में इतिहास लिखा भी नहीं जा सकता। इतिहास-लेखन के कार्य को द्वितीय कोटि का भी नहीं कहा जा सकता। जब साहित्य की परिभाषा बदलेगी, स्वरूप बदलेगा, प्रतिबद्धताएँ बदलेंगी तो इतिहास भी बदलेगा। यह कार्य कौन करेगा? प्रमाण-पुरुष से हमारा इतना ही प्रयोजन है। जैसे आचार्य शुक्ल ने हिन्दी साहित्य का इतिहास लिखकर हिन्दी-आलोचना की समग्र ऊर्जा का परिचय दिया था, उसी प्रकार इतिहास का नया ढाँचा तैयार करके (आचार्य शुक्ल के ढाँचे के पुराने पड़ जाने की बात तो चल ही रही है।) हिन्दी-आलोचना को पूरी शक्ति का परिचय देते हुए नया इतिहास लिखा जाना चाहिए। ऐसा इतिहास जो प्रामाणिक, नवता विधायक, प्रेरक तथा सामाजिक एवं साहित्यिक मूल्यों के जटिल विकासात्मक सम्बन्धों के विश्लेषण में समर्थ हो।

हिन्दी-आलोचना की विडम्बनापूर्ण स्थिति के एक अन्य बहुत महत्त्वपूर्ण कारण की ओर डॉ० नामवर सिंह ने कुछ तल्खी के साथ संकेत किया है। वह है हिन्दी-आलोचना की संस्थानबद्धता। हिन्दी-आलोचना के स्वरूप का निर्धारण सरकारी, अर्धसरकारी, गैर-सरकारी प्रतिष्ठानों, प्रकाशन गृहों, पत्र-पत्रिकाओं के साथ ही विश्वविद्यालयों में भी होता है। हिन्दी-आलोचना की जड़ता का एक बहुत बड़ा कारण विश्वविद्यालयों की शिक्षा-पद्धति भी है। वे यह मानते हैं कि विश्वविद्यालयों के हिन्दी-विभाग अपनी प्रकृति में

बहुलतावादी हैं। बहुलतावादी एक ऐसा वाद है, जो प्रत्येक नए विचार को स्वीकार कर धीरे-धीरे उसे अपने भीतर खपा लेता है, उसे व्यवस्था का अंग बना लेता है और उसकी धार को कुन्द कर देता है। वे कहते हैं—"बहुलतावाद सम्भवत: प्रत्येक घाघ संस्थान की अमोघ रणनीति है और हिन्दी-विभाग ने इसे हिन्दू समाज से विरासत में हासिल किया है और आज के भारतीय जनतन्त्र से इस बहुलतावाद को समर्थन भी प्राप्त है। इसलिए असली संघर्ष किसी नए अनुसन्धान या नए सिद्धान्त के प्रवेश से ज्यादा इस बहुलताबाद के खिलाफ होना है। इस बहुलतावाद के चलते कोई परिवर्तन असम्भव है। न परिवर्तन होगा और न अनुसन्धान की सच्ची नई दिशाएँ खुलेंगी। मौलिक चिन्तन अवरुद्ध रहेगा और हिन्दी साहित्य को पढ़ाने के तरीके में भी कोई सुधार न होगा।" डॉ० नामवर सिंह की स्थापना यह है कि आज हिन्दी का औसत छात्र 'हिन्दी साहित्य और उसकी आलोचना' के नाम पर जो पढ़ता है उसका बहुत बड़ा भाग विश्वविद्यालयों में तैयार होता है। उसके पीछे एक ऐसी विचारधारा कार्य कर रही है जो जड़ और संकुचित है। वे कहते हैं—"विश्वविद्यालय उस विचारधारा को हिन्दी-भाषा और साहित्य के रूप में प्रसारित कर रहे हैं। प्रसारण की इस प्रक्रिया में हिन्दी साहित्य भी संकुचित हो रहा है और हिन्दी-आलोचना भी।" बात बहुत पते की है, किन्तु यहीं समाप्त नहीं हो जाती। विश्वविद्यालयों का जो ढाँचा आज है, वह व्यवस्था की देन है। उस ढाँचे को बदलने के लिए पूरी व्यवस्था को बदलना होगा। दूसरी बात यह है कि विश्वविद्यालयीय शिक्षा के बलबूते पर न तो कोई बड़ा आलोचक बना है, न रचनाकार। आधुनिक हिन्दी साहित्य का पूरा इतिहास साक्षी है कि उसका एक भी बड़ा रचनाकार विश्वविद्यालय स्तर की शिक्षा प्राप्त नहीं कर सका था। उसने जो भी सीखा और रचा वह अपने स्वाध्याय और अनुभव के बल पर । भारतेन्दु, प्रतापनारायण मिश्र, बालकृष्ण भट्ट, चौधरी प्रेमघन, मैथिलीशरण गुप्त, 'प्रसाद', 'निराला', पन्त, प्रेमचन्द, (बी०ए० उत्तीर्ण थे किन्तु प्राइवेट), आचार्य रामचन्द्र शुक्ल, आचार्य हजारीप्रसाद द्विवेदी आदि रचनाकार इसके प्रमाण हैं। इसके बाद भी जो लेखक और रचनाकार ख्याति प्राप्त कर सके हैं, उन्होंने विश्वविद्यालयीय पाठ्यक्रम की सीमाओं को लाँघकर अपने निजी अनुभव और अध्ययन के बलबूते पर साहित्य में स्थान बनाया है। हिन्दी विभागों ने आलोचना की प्रकृति को भले हो प्रभावित किया हो रचना को प्रभावित करनेवाले संस्थान दूसरे हैं। फिर भी डॉ० नामवर सिंह की यह स्थापना महत्त्वपूर्ण है कि विश्वविद्यालयों की अध्ययन-पद्धति हिन्दी

साहित्य के औसत छात्र की दृष्टि को संकुचित और सीमित अवश्य कर रही है और इसका दूरगामी प्रभाव हिन्दी-आलोचना पर अवश्य पड़ रहा है। यह स्थिति यहीं तक सीमित नहीं है। अमेरिका और इंग्लैंड के विश्वविद्यालय भी इस रोग से पीड़ित हैं। डॉ० नामवर सिंह ने स्वयं लक्षित किया है—" आलोचना ने यह संघर्ष दूसरे देशों में किया है। द्वितीय विश्वयुद्ध के दौरान कैम्ब्रिज में एफ०आर० लीविस ने ऐसा ही संघर्ष किया था। 'शिक्षा और विश्वविद्यालय' (एजुकेशन एंड दी यूनिवर्सिटी) नामक पुस्तक इस संघर्ष का ऐतिहासिक घोषणा-पत्र है। आज अमेरिका में विश्वविद्यालय जगत में यह लड़ाई जारी है।" कहा जा सकता है कि संस्थानबद्धता से आलोचना के संकुचित और निस्तेज होने की समस्या भी एक बड़ी समस्या है, लेकिन यह हिन्दी तक ही सीमित नहीं है। यह अवश्य है कि हिन्दी के सन्दर्भ में यह समस्या कुछ अधिक जटिल है क्योंकि यहाँ संस्थानबद्धता और उससे उत्पन्न जड़ता को महसूस भी नहीं किया जा रहा है।

यदि हम हिन्दी-आलोचना को निस्तेज करनेवाले मुद्दों को सूत्रबद्ध करें तो पाएँगे कि वैचारिक अनुदारता, प्रत्येक नए आन्दोलन के प्रति शंका और नकार का भाव, अपनी जड़ों से निरन्तर विच्छिन्न होते जाना, स्थापनाओं और निर्णयों के निरन्तर बदलाव से उत्पन्न अविश्वसनीयता, समस्त आलोचनात्मक ऊर्जा के केन्द्र-बिन्दु का अभाव, संस्थानबद्धता और जड़ता जैसे अनेक तत्त्व हैं, जो हिन्दी-आलोचना की स्थिति को चिन्त्य और प्रभावहीन बना रहे हैं। ये सभी मुद्दे एक दूसरे से बहुत गहरे जुड़े हुए हैं। प्रत्येक मुद्दे पर गम्भीरतापूर्वक विस्तार से विचार करने की आवश्यकता है। इस निबन्ध में हमारा लक्ष्य इनके प्रति सुधी पाठकों का ध्यान आकृष्ट करना मात्र है। मुद्दे और भी हैं। किन्तु वह फिर कभी। हाँ, इतना अवश्य कहना है कि आलोचना के सामने विश्वसनीयता का प्रश्न सबसे अहम है। अपने को विश्वसनीय बनाकर ही वह रचना की विश्वसनीयता का प्रश्न उठा सकती है।

काव्यभाषा की चिन्ता

पिछले कुछ वर्षों में रचना और आलोचना दोनों ही क्षेत्रों में काव्यभाषा के सम्बन्ध में विचार-विमर्श की प्रवृत्ति बढ़ी है। कभी काव्यभाषा सम्बन्धी विमर्श को शैली-विज्ञान की सीमा में समेटने के प्रयत्न में, कभी काव्येतर भाषा से काव्यभाषा के अलगाव को स्पष्ट करने के प्रयत्न में, कभी काव्य की सही भाषा की तलाश के सम्बन्ध में, कभी सर्जनात्मक भाषा को रेखांकित करने के प्रयत्न में, कभी काव्यभाषा को कवि-कर्म की अनिवार्य परिणति के रूप में उजागर करने के प्रयत्न में और कभी कवि-विशेष की काव्यभाषा सम्बन्धी विशेषताओं की ओर ध्यान आकृष्ट करने के प्रयत्न में काव्यभाषा सम्बन्धी जो चिन्तन हुआ है और उसके चलते काव्यभाषा के सम्बन्ध में जो धारणाएँ बनी हैं उन पर विचार करना आवश्यक हो गया है।

अब सामान्यत: यह माना जाने लगा है कि काव्य के सन्दर्भ में भाषा मात्र अभिव्यक्ति का माध्यम नहीं वरन स्वत: पूर्ण अनुभव है। काव्य का कथ्य, मर्म या संवेद्य-तत्त्व भाषा में ही निहित होता है और भाषा ही काव्य-मर्म तक पहुँचने का साधन है। भाषा से अलग काव्य-मर्म का कोई अस्तित्व नहीं है। इसलिए काव्यभाषा के आधार पर काव्य की मूल्यवत्ता का आकलन हो सकता है। किसी कवि की भाषा के गुणात्मक उत्कर्ष की प्रशंसा करने का अर्थ है उसके काव्य की मूल्यवत्ता को घोषित करना। आप यह नहीं कह सकते कि अमुक कवि का अनुभव तो बहुत व्यापक और गहन है, किन्तु उसकी भाषा लचर है। भाषा का लचर होना अनुभव और भावबोध के नकली और लचर होने का प्रमाण है।

इस तथ्य से तो इनकार नहीं किया जा सकता कि प्रत्येक नया अनुभव नई अर्थवत्ता के कारण नए शब्द-विधान की माँग करता है। अर्थ-सन्दर्भ की नवीनता चाहे वह परिवेशगत परिवर्तन के कारण उत्पन्न हुई हो, चाहे कवि की मन:स्थिति या अनुभव-भेद से वह नए प्रकार के शब्द-विधान, नए प्रकार की वाक्य-रचना और नए प्रकार के पद-संयोजन की माँग अवश्य

करेगी। अर्थात् अनुभव की गहनता, तीव्रता, व्याप्ति, आकस्मिकता, सहजता और जटिलता से काव्यभाषा के रचाव का सीधा सम्बन्ध है। यही कारण है कि प्रत्येक समर्थ और अपने कवि-कर्म के प्रति सतर्क कवि ने विरासत में प्राप्त भाषा की अपर्याप्तता और असमर्थता को स्वीकार किया है। इस सन्दर्भ में श्री सच्चिदानन्द हीरानन्द वात्स्यायन 'अज्ञेय' का कथन ध्यान देने योग्य है—सुमित्रानन्दन पन्त और सूर्यकान्त त्रिपाठी 'निराला' दोनों ही को शिकायत थी कि उन्हें विरासत में मिली भाषा अपर्याप्त है; दोनों ने ही इस शिकायत का निराकरण करते हुए भाषा को ऐसी समृद्धि प्रदान की कि उनकी शिकायतें अतिरंजित जान पड़ने लगीं। उन्हें जो कहना था उसके लिए उन्होंने भाषा पा ली, रच ली। 'निराला' और 'पन्त' से हमें जो भाषा मिली वह हमारी आवश्यकता के लिए अपर्याप्त जान पड़ने लगी थी। हम भाषा से नई माँग कर रहे थे। पन्त और निराला ने भाषा से जो चाहा था उससे हमारी माँगें गुणात्मक दृष्टि से भिन्न थीं।[1]

इस तर्क को आगे भी बढ़ाया जा सकता है। 'अज्ञेय' के बाद 'मुक्तिबोध' ने, रघुवीर सहाय ने, केदारनाथ सिंह ने, धूमिल ने, राजकमल चौधरी ने और अन्य समर्थ कवियों ने विरासत में पाई हुई काव्यभाषा से अलग अपने अनुभव- संसार के अनुकूल भाषा-संसार का निर्माण किया। 'अज्ञेय' की भाषा यदि रागात्मक ऐश्वर्य और बौद्धिक संयम की भाषा है तो 'मुक्तिबोध' की भाषा अन्तर्मन्थन, द्वन्द्व एवं तनाव की। उसे पढ़कर लगता है कि जैसे दबा हुआ ज्वालामुखी फूट पड़ने के लिए आकुल हो। यदि रघुवीर सहाय की भाषा कायरता को चुनौती देनेवाली और हमें रोजमर्रा की ज़िन्दगी से जोड़नेवाली है तो केदारनाथ सिंह की मूल्यगत संक्रमण के तीखे एहसास को संयम देनेवाली। यदि धूमिल की काव्य भाषा सभी प्रकार की अनैतिक दुरभिसन्धियों के विरुद्ध एक बेहद सीधे और ईमानदार आदमी के एकाकी युद्धोघोष और तीखे प्रहार की भाषा है, तो राजकमल चौधरी की सभी प्रकार के नियन्त्रणों से मुक्ति की कामना में मनुष्य को नंगा कर देनेवाली है।

उपर्युक्त सभी कवियों की भाषा सच्ची काव्याभाषा है। काव्यभाषा भाषा नहीं। सभी ने परिपाटीग्रस्त अभिव्यक्ति में अलग अभिव्यक्ति का नया रास्ता खोजा है। सभी में एक प्रकार की जीवन्तता है। यह जीवन्तता शब्दों को सही

1. आधुनिक हिन्दी साहित्य, पृ. 190

सन्दर्भ में प्रयोग करने और कथ्य तथा कथन के बीच स्थित सहज तनाव को सायास सामंजस्य देने के क्रम में अर्थ की लय को पहचानकर उसके अनुकूल पद-विन्यास को नियोजित करने तथा व्याकरण को रूढ़ परिपाटी से अलग काव्यानुकूल एवं संवेदना के स्रोतों की ओर संकेत करनेवाले नुकीले वाक्यों के रचाव से उत्पन्न हुई है। अत: यह तो निर्विवाद है कि काव्यभाषा और काव्यमूल्य अन्तरावलम्बित है। भाव और भाषा में द्वैत नहीं होना चाहिए। लेकिन व्यवहार के स्तर पर क्या भाषा-संवेदना के सहारे वस्तु-संवेदना की सही और पूरी परख सम्भव है? क्या इस रास्ते से चलने में कोई खतरा नहीं है? कवि के मर्म को समझने के लिए उसकी जीवनी, उसका परिवेश, उसका इतिहास या उसका मनोविज्ञान जानने के प्रयत्न को अनावश्यक और व्यर्थ कहना तथा उसके काव्य में प्रयुक्त शब्दों को ही सब कुछ मान लेना ऐसा ही है जैसे सृष्टि के पूरे सौन्दर्य और उसकी समग्र संवेदना को ग्रहण करने के लिए मात्र शब्द संवेदना को ही सब कुछ मान लेना। शब्द आकाश का गुण है। जिस प्रकार आकाश में शेष सभी महाभूतों की स्थिति मान्य है, उसी प्रकार शब्द में भी गन्ध, रस, रूप, स्पर्श सभी की संवेदनाएँ सन्निहित हैं। शब्द में इन संवेदनाओं को हम इसीलिए पहचान पाते हैं कि ज्ञानेन्द्रियों के माध्यम से प्राप्त इनकी स्वतन्त्र संवेदनाएँ वासना रूप में हमारे भीतर विद्यमान रहती हैं। काव्य-मर्म को समझने के लिए इतर प्रतिमानों के आधार को नितान्त अनुचित और आग्रहपूर्ण घोषित करने के पहले भाषा को केन्द्र में रखकर कवि-कथ्य को समझने के जो प्रयास इधर हुए हैं उनके परिणामों को सामने रखकर यह देखना आवश्यक है कि इतर प्रतिमानों के आधार पर दिए गए निर्णय और भाषाई चेतना के अध्ययन के आधार पर दिए गए निर्णय में भेद क्या है? साथ ही यह भी देखना आवश्यक है कि जीवन-मूल्य या कथ्य की ओर से चलकर कथन की ओर अग्रसर होने में यदि भावपक्ष या कथ्यपक्ष को मूल्यवान और कथनभंगिमा को मूल्यहीन घोषित कर दिये जाने का खतरा है तो क्या कथन की ओर से चलकर कथ्य की ओर अग्रसर होने में कथ्य तक न पहुँचने और भाषा के ही इन्द्रजाल में उलझकर मार्ग में ही रह जाने का खतरा कतई नहीं है?

आधुनिक हिन्दी काव्य-समीक्षा के विकास-क्रम में काव्यभाषा के महत्त्व, उसकी सर्जनात्मकता तथा काव्य-मूल्य के रूप में उसकी चर्चा 'नई कविता' के आरम्भ के साथ ही आरम्भ हुई। 1959 तक आते-आते

काव्य के मूल्यांकन के प्रतिमान रूप में 'बिम्ब' को प्रतिष्ठित किया गया। इसके बाद तो चर्चित कवियों की कविताओं में बिम्बों की पड़ताल का जो सिलसिला आरम्भ हुआ वह किसी-न-किसी रूप में आज तक चल रहा है। 1968 की 'आलोचना' में श्री रणजीत और रशाद अब्दुल वाजिद ने 'अज्ञेय' और 'मुक्तिबोध' के काव्यबिम्बों का गणितीय अध्ययन करने के बाद घोषित किया कि 'अज्ञेय' की कविता 'मुक्तिबोध' की अपेक्षा अधिक बिम्बात्मक है; 'मुक्तिबोध' कथ्य पर अधिक ज़ोर देते हैं, जबकि 'अज्ञेय' के यहाँ कथन की अभिव्यक्ति का अधिक महत्त्व है। 'अज्ञेय' में प्राकृतिक बिम्ब अधिक हैं, जबकि 'मुक्तिबोध' में मानव-जीवन से और दैनिक जीवन से सम्बन्धित बिम्बों की अधिकता है। लेखकद्वय का निर्णय है—''इस तथ्य से 'अज्ञेय' की रूमानी और 'मुक्तिबोध' की सामाजिक यथार्थवादी रूझान स्पष्ट है।" कवि-विशेष की मात्र रूझान जानने के लिए इतना गणित करने की क्या आवश्यकता है? और यदि इतने श्रम के बाद रूझान का प्रामाणिक ज्ञान हो भी गया तो, उससे कवि व्यक्तित्व की श्रेष्ठता कैसे प्रमाणित हो सकती है। फिर, एक ही कवि की आरम्भिक रूझान और परवर्ती रूझान में भेद हो सकता है। 'पल्लव' के पन्त और 'ग्राम्या' के पन्त की रूझान अलग- अलग है। श्री विजयदेवनारायण साही ने 'नई कविता' के दूसरे दौर में ठेठपन की प्रवृत्ति का विश्लेषण करते हुए कुछ महत्त्वपूर्ण कवियों की भाषाई चेतना का अन्तर बिना किसी प्रकार के गणित का सहारा लिए इस प्रकार किया है—''ठेठपन अपने आप में एक नया घोषणापत्र बन गया। अभी भी हमने ठेठपन की अन्तिम चुनौती नहीं सुनी है। पेंडुलम कितनी दूर तक उलटी दिशा में जाएगा कहना कठिन है। इसमें रघुवीर सहाय जैसी भद्र असहमति की मुद्रा और धूमिल जैसी पथराव करती चीख दोनों ही शामिल है। दूसरी तरफ सन्तुलित काव्यभाषा, जिसका उदाहरण मैंने तुलसीदास और सूरदास से दिया, के इर्द-गिर्द चक्कर काटनेवालों में कुँवर नारायण जैसे शान्त पुरुष और 'मुक्तिबोध' जैसे धुँधुआते अग्निपुंज भी हैं।" हिन्दी काव्यभाषा की मूल प्रकृति न तो संस्कृतगर्भित पदावली के अतिशय प्रयोग की है, न निरी ठेठ भाषा के प्रयोग की। इसीलिए जब किसी एक पर अधिक बल देने की रूढ़ि बनने लगती है, तो उसकी प्रतिक्रिया स्वाभाविक है। वहाँ यह भी विचारणीय है कि भाषाई चेतना के आधार पर कवियों की जिन मुद्राओं—'भद्र असहमति की मुद्रा', 'पथराव करती चीख की मुद्रा', 'शान्त पुरुष की मुद्रा', 'धुँधुआते अग्निपुंज की मुद्रा'— का यहाँ अंकन किया गया है, उनका निर्माण कैसे

हुआ ? इन मुद्राओं के पीछे कवियों का व्यक्तित्व, उनकी सामाजिक स्थिति, उनके शिक्षा-संस्कार, उनका परिवेश, यह सब कारण रूप में विद्यमान है। जिसे हम कवि का कथ्य कहते हैं वह क्या है ? और उसे वह कहाँ से प्राप्त करता है? कवि का कथ्य जीवन-मूल्य के अतिरिक्त और क्या हो सकता है? यह जीवन-मूल्य उसके अनुभव का सारतत्त्व होता है और उसका अनुभव उसकी जीवन-यात्रा के सुख-दुःखात्मक संवेदनाओं की बोधात्मक परिणति के अतिरिक्त और क्या है? निस्सन्देह कवि का अनुभव उसके काव्य में व्यक्त होता है, अर्थात् काव्यभाषा में व्यक्त होता है, किन्तु क्या वह समग्र अनुभव भाषा से ही प्राप्त करता है? क्या कवि की जीवनानुभूतियाँ उसके समय की व्यापक सामाजिक स्थितियों, पारिवारिक संस्कारों एवं वैयक्तिक सम्बन्धों के सामूहिक एवं जटिल प्रभाव का परिणाम नहीं होतीं ? क्या तुलसी ने नानापुराणनिगमागम के अतिरिक्त और कुछ नहीं कहा? क्या 'निराला' ने 'राम की शक्तिपूजा' कविता में शक्ति की जो मौलिक कल्पना की है, उसके मूल में उनके शिक्षा-संस्कार, उनका बंगाल निवास, उनका रामकृष्ण परमहंस और विवेकानन्द से प्रभावित होना तथा उनकी उत्कट भारत-भक्ति कारण रूप में विद्यमान नहीं है? क्या डॉ० रामविलास शर्मा ने निराला काव्य की जो ऐतिहासिक महत्त्व की व्याख्या की है, वह कवि 'निराला' की जीवन-रेखा के प्रत्येक बिन्दु की गत्यात्मक परिणति के प्रत्यक्ष ज्ञान के अभाव से सम्भव हो पाती ? श्री काशीनाथ सिंह ने कवि धूमिल के पड़ोसी की हरकतों को अच्छी तरह जानने के बाद ही यह घोषित किया है—"धूमिल के कवि की अनुभूतियाँ, संवेदनाएँ और प्रतिक्रियाएँ पड़ोसी की हैसियत, कारगुजारियों और हरकतों से टकरा-टकराकर विकसित हुई है।" इसलिए यह निर्णय कि कवि के मूल्यांकन में भाषा का रचाव ही प्रथम और अन्तिम आधार होना चाहिए, आत्यन्तिक रूप में मान्य नहीं हो सकता।

भाषाई अध्ययन के आधार पर कवि के कथ्य की खोज में लक्ष्य से भटक जाने के खतरे भी कम नहीं है। श्री 'अज्ञेय' की 'सोन मछली' कविता के कथ्य तक डॉ० नगेन्द्र का न पहुँच सकना और 'मुक्तिबोध' की 'एक स्वप्न कथा' कविता की मूल चेतना के विश्लेषण में डॉ० रामविलास शर्मा और डॉ० नामवर सिंह के निष्कर्षों में बुनियादी अन्तर होना, इस बात का प्रमाण है कि काव्यभाषा के सहारे चलकर काव्यकथ्य तक पहुँचने में भी आलोचकों के व्यक्तिगत संस्कार बाधक होते हैं और भटकाव के लिए पूरी

गुंजाइश रहती है। यही नहीं, एक बार काव्यभाषा के गुणों और विशेषताओं के निर्दिष्ट हो जाने पर उनकी रूढ़ि बन जाने का खतरा बराबर बना रहता है। काव्यभाषा की चिन्ता को काव्यचिन्ता का पर्याय मान लेने पर कवि काव्य-रचना के स्थान पर काव्यभाषा रखने लगते हैं और उनकी भाषा के लिए काव्याभास भाषा जैसे शब्दों का प्रयोग करना पड़ता है। आलोचकों को भी छद्म का सहारा मिल जाता है। किसी कविता के मर्म तक न पहुँच सकने की स्थिति में वे 'इस प्रयोग की नवीनता ध्यान देने योग्य है', 'यहाँ अर्थव्यंजना आश्चर्यजनक है', 'चौथी पंक्ति का वैचित्र्य अलग है', 'अन्तिम पंक्तियाँ अवश्य ही एक रहस्यमूलक अर्थ पा सकी हैं' इस प्रकार के लटकों से काम लेते हैं। कहीं-कहीं रचनात्मक आलोचना के नाम पर भाषा का इन्द्रजाल भी खड़ा किया गया है। वह ठीक उसी प्रकार का है जिस प्रकार का चमचमाता हुआ वाग्जाल छायावादी काव्य के उद्‌भव-काल में प्रभाववादी समीक्षा के प्रचलन के समय खड़ा किया गया था। गद्य-कृतियों के भाषाई अध्ययन तो और भी मनोरंजक हो सके हैं। इधर शैलीविज्ञान के सहारे गद्य रचनाओं की जो भाषिक पड़ताल हुई है, उसको देखने के बाद इच्छा होती है कि समीक्षक से पूछूँ कि भाई यह तो ठीक है कि अमुक लेखक के गद्य-साहित्य में व्याकरण-सम्बन्धी असंगतियाँ हैं या नहीं हैं। समास-रचना का रूप इस या उस प्रकार का है। तत्सम शब्दों की संख्या अधिक या कम है। देशज शब्द प्रचुर मात्रा में हैं या नहीं हैं। वाक्य-विन्यास इस या उस ढर्रे का है तो ? इससे लेखक के व्यक्तित्व, उसकी रचना के सौष्ठव या उसके कलात्मक आदर्श या उसकी विशिष्ट वैचारिक भूमिका को जानने में क्या सहायता मिलती है ? भाषा यदि संस्कृति और अस्मिता का उपकरण है तो लेखक-विशेष की भाषा के अलग-अलग अवयवों—रूप, शब्द, वाक्य, ध्वनि, आदि—के अध्ययन का परिणाम किसी एक रचना-बिन्दु पर मिलना चाहिए और कृति का एक भाषिक—व्यक्तित्व उभरना चाहिए। भाषा-सम्बन्धी कोई भी पड़ताल यदि रचना में निहित केन्द्रीय संवेदना के मूल तक नहीं पहुँचती और कृति के आन्तरिक रचना-सूत्रों की पहचान न कराकर भाषिक उपकरणों का अलग-अलग जायका पेश करके रह जाती है तो उसका कोई अर्थ नहीं है।

भाषा-मूल्य और काव्य-मूल्य की एकता का बोध नए कवियों और नए समीक्षकों को भले ही पश्चिम के आधुनिक काव्य से हुआ हो, भारतीय समीक्षा आरम्भ से ही शब्द और अर्थ की सम्पृक्तता को ही

महत्त्व देती आई है। भारतीय आचार्यों की काव्य-चिन्ता भाषा-चिन्ता ही है। काव्य की सभी 'परिभाषाएँ—भामह[1], वामन[2], रुद्रट[3], मम्मट[4], वाग्भट[5], पंडितराज[6]—शब्द और अर्थ को ही काव्य मानती हैं। पंडितराज ने तो अन्ततः 'शब्द' पर ही बल दिया है। इसके अतिरिक्त गुण-दोष विवेचन, वक्रोकि-सिद्धान्त के भेदाभेद-निरूपण तथा शब्द-शक्तियों के विश्लेषण में प्रकारान्तर से काव्यभाषा के वैशिष्ट्य पर ही प्रकाश डाला गया है। यही नहीं मम्मटाचार्य ने कवि-कर्म की व्याख्या करते हुए उसे 'लोकोत्तर वर्णना निपुणता' कहा है।[7] 'लोकोत्तर वर्णना निपुणता, भाषा का ही वैशिष्ट्य है।

भाषा को इतना महत्त्व देते हुए भी भारतीय आचार्यों ने अपनी जिज्ञासा का विषय काव्य को ही बनाया था। भरतमुनि से लेकर पंडितराज जगन्नाथ तक सभी आचार्यों ने 'काव्य क्या है ?' इसी प्रश्न को लेकर चिन्तन किया है। किसी ने 'काव्यभाषा' को जिज्ञासा का विषय नहीं बताया। काव्य का अर्थ ही है कवि द्वारा पदार्थ की प्रातिभासिक सत्ता का निबन्धन। यह प्रातिभासिक निबन्धन काव्य की भाषा में ही सम्भव है। विज्ञान या शास्त्र की भाषा में पदार्थ का स्वरूप-निबन्धन होता है। यहाँ किसी को यह भ्रम नहीं होना चाहिए कि 'भाषा स्वतः पूर्ण अनुभव है', आधुनिक समीक्षकों की इस स्थापना का में विरोध कर रहा है। मेरा निवेदन इतना ही है कि जैसे भाषा की मूल्यवत्ता काव्य की मूल्यवत्ता है, वैसे ही काव्य की मूल्यवत्ता भाषा की मूल्यवत्ता है। किसी कवि का काव्य श्रेष्ठ और मूल्यवान है यह कहने का अर्थ ही है कि उसकी भाषा श्रेष्ठ और मूल्यवान है। यदि कथ्य या वस्तु-मूल्य की ओर से चलने पर भाव और भाषा के छैन में फँस जाने का खतरा है, तो कथन या भाषा पर अधिक बल देने से कथ्य तक न पहुँच सकने और बीच में ही भटक जाने का खतरा है। राजशेखर ने नवीन अर्थ, नूतन घटना तथा अभिनव सन्दर्भ की उद्भावना करनेवाले कवि को 'अर्थ कवि' कहा है। शब्द और अर्थ की

---

1. शब्दार्थौ सहितौ काव्यं गद्यं पद्यं च तद् द्विधा । —भामह, 1,16
2. काव्यशब्दोऽयं गुणालंकारसंस्कृतयोः शब्दार्थयोर्वर्तते। —वामन, 1,1
3. शब्दार्थौ काव्यम्। —रुद्रट काव्यालंकार 2,1
4. तददोषौ शब्दार्थौ सगुणावनलंकृती पुनः क्वापि —का० 4, सू० 1
5. शब्दार्थौ निर्दोषौ प्रायः सालंकारौ च काव्यम् —वाग्भटालंकार, पृ० 14
6. रमणीयार्थप्रतिपादकः शब्दः काव्यम् । —रसगंगाधर पृ० 4
7. लोकोत्तरवर्णना-निपुणं कवि कर्म। —मम्मट

परस्परस्पर्धी चारुता से युक्त काव्य ही श्रेष्ठ होता है। भाषा की मूल्यवत्ता उसके सन्दर्भ-संश्लिष्ट होने में है। इसलिए काव्य मूल्य को समझने के लिए सन्दर्भ ज्ञान भी आवश्यक है। कवि-विशेष के जीवन, संस्कार या परिवेश का अध्ययन रशना-सन्दर्भ का ही अध्ययन है। इसलिए उसकी उपेक्षा नहीं की जा सकती है। ठीक इसी प्रकार भाषिक विश्लेषण की भी उपेक्षा नहीं की जा सकती क्योंकि भाषा-संवेदना का बोध समीक्षा की पहली शर्त है। आवश्यकता दोनों के सन्तुलन की है।

हिन्दी का आधुनिकीकरण और अंग्रेज़ी का दबाव

यह एक सर्वमान्य तथ्य है कि हिन्दी खड़ीबोली गद्य (अर्थात् वह हिन्दी गद्य, जिसे आज हम जीवन के विभिन्न स्तरों पर व्यवहार की भाषा के रूप में प्रयुक्त कर रहे हैं और जिसे आधुनिक जीवन की गत्यात्मक चेतना के समानान्तर विकसित, परिष्कृत एवं अनुभूति-दीप्त करना चाहते हैं) का एक व्यवस्थित रूप उन्नीसवीं शती के मध्य तक ढलकर तैयार हुआ था। तब से लेकर आज तक 125 वर्षों के काल-खंड में इसका निरन्तर विकास हुआ है। इस विकास-क्रम में इसकी शब्द-सम्पदा बढ़ी है, इसमें वैचारिक प्रौढ़ता आई है, इसकी वाक्य-रचना संश्लिष्ट हुई है तथा इसके शैली-रूपों में भी वैविध्य लक्षित हुआ है। एक विकासशील समाज की भाषा होने के नाते विकास का यह क्रम और गति निराशाजनक नहीं है। निराशा इसकी रूप-रचना पर अंग्रेज़ी के बढ़ते हुए दबाव को लक्षित करके होती है।

देश के स्वतन्त्र होने के बाद हिन्दी-गद्य के रचाव या संघटन पर अंग्रेज़ी का दबाव निरन्तर बढ़ता गया है, बढ़ता जा रहा है। हिन्दी-गद्य के विकास के आरम्भिक चरण से ही इस पर अंग्रेजो का दबाव पड़ने लगा था। हमारे मन में यह बात गहरे बैठ गई थी कि अंग्रेज़ी एक विश्वस्तर पर प्रतिष्ठित भाषा है। आधुनिक जीवन-बोध की भाषा है। ज्ञान की हर नई किरण उसी के माध्यम से हम तक पहुँच सकती है। हम संस्कृत से फ़ारसी-अरबी से, लोकभाषाओं से शब्द-सम्पदा चाहे जितनी ग्रहण कर लें, किन्तु युग के साथ चलने के लिए, वैज्ञानिक चिन्तन के लिए, बौद्धिक जीवनदृष्टि के विकास के लिए, पाश्चात्य जीवन एवं संस्कृति को आत्मसात करने के लिए और प्रथम श्रेणी का नागरिक बनने के लिए अंग्रेज़ी भाषा और साहित्य का ज्ञान अपेक्षित है। इस विश्वास ने हिन्दीभाषी शिक्षित जनसमुदाय के मन में अंग्रेज़ी को प्रथम और हिन्दी को द्वितीय स्थान पर प्रतिष्ठित कर दिया, अंग्रेज़ी शासकों की भाषा-नीति का यह परिणाम होना ही था। स्वतन्त्रता-प्राप्ति के पूर्व हम अंग्रेज़ी से संघर्ष की स्थिति में थे। इसलिए हमारा राष्ट्रीय स्वाभिमान जीवित था। हम अंग्रेज़ी के महत्त्व को स्वीकार करते हुए भी अपनी भाषा की समृद्धि के

लिए चिन्तित थे। उसकी प्रकृति की रक्षा के लिए सतर्क थे। अंग्रेज़ी भाषा में प्रकाशित ज्ञान-विज्ञान की पुस्तकें पढ़कर विचारों को आत्मसात करते थे और उसके बाद अपनी भाषा में इस प्रकार व्यक्त करते थे कि हिन्दीभाषी समाज उसे पढ़कर अपने को शिक्षित करे। द्विवेदी-युग में 'सरस्वती' पत्रिका में दर्शन, विज्ञान, राजनीति, अर्थशास्त्र आदि अनेक विषयों की गम्भीर सामग्री प्रकाशित हुई है। इस क्रम में हिन्दी-गद्य का निरन्तर परिष्कार हुआ है। उसकी अभिव्यक्तिक्षमता बढ़ी है, किन्तु उसमें कहीं भी अस्पष्टता नहीं है। अंग्रेज़ी से निबन्धों का वाक्य-प्रति वाक्य अनुवाद करके जटिल एवं संश्लिष्ट वाक्य-रचना द्वारा ज्ञान का आंतक उत्पन्न करने की चेष्टा नहीं की गई है। यदि कहीं ऐसी प्रवृत्ति लक्षित हुई है, तो आचार्य महावीरप्रसाद द्विवेदी और आचार्य रामचन्द्र शुक्ल दोनों ने इस प्रवृत्ति की भर्त्सना की है। अप्रैल, 1914 की 'सरस्वती' में 'हिन्दू विश्वविद्यालय का खर्रा' शीर्षक टिप्पणी में द्विवेदी जी ने उस हिन्दी की कड़ी आलोचना की है जो अंग्रेज़ी का भद्दा अनुवाद मात्र होती है (महावीरप्रसाद द्विवेदी और हिन्दी नवजागरण, पृ० 253) इसी क्रम में चौबीसवें हिन्दी साहित्य सम्मेलन, इन्दौर की साहित्य परिषद् के सभापति पद से दिए गए अपने महत्त्वपूर्ण भाषण में आचार्य शुक्ल ने कहा है—"हमारी भाषा का स्वरूप ही विकृत करनेवाली एक प्रवृत्ति बहुत भयंकर रूप में बढ़ रही है—वह है अंग्रेज़ी के चलते वाक्यों और मुहावरों को शब्द-प्रति-शब्द अनुवाद करके रखना।"

स्वतन्त्रता-प्राप्ति के बाद साहित्य और भाषा के सन्दर्भ में हमारा राष्ट्रीय स्वाभिमान समाप्त-सा हो गया। हिन्दी को संविधान में राजभाषा का दर्जा मिल गया और हिन्दी-प्रेमियों का उत्साह समाप्त हो गया। अधिकारियों के मन में यह बात बैठ गई कि यदि हिन्दी को अंग्रेज़ी का स्थान लेना है तो उसे विकसित करना होगा। हिन्दी सभी क्षेत्रों में विकसित की जाने लगी। पारिभाषिक शब्दों की कमी दूर करने के लिए केन्द्रीय व हिन्दी निदेशालय ने 'पारिभाषिक शब्द संग्रह' प्रकाशित किया। प्रकट है कि 'पारिभाषिक शब्द-संग्रह' में अंग्रेज़ी शब्दों के हिन्दी प्रतिरूप गढ़े गए । जब कभी ऐसा प्रयत्न किया जाएगा अर्थात् किसी एक भाषा के पारिभाषिक शब्दों को सामने रखकर दूसरी भाषा में उसके प्रतिरूप गढ़े जाएँगे तो स्वभावतः गढ़े हुए शब्द अपरिचित और दुरूह होंगे। उनमें तत्समता की प्रवृत्ति अधिक होगी। डॉ० रघुवीर के कोश में संगृहीत शब्दों की दुरूहता का कारण भी यही है। ज्ञान के विविध क्षेत्रों में हिन्दी के प्रयोग को प्रोत्साहन देने और विश्वविद्यालय स्तर

पर उसे शिक्षा का माध्यम बनाने के लिए जो ग्रन्थ विभिन्न राज्यों की ग्रन्थ अकादमियों द्वारा हिन्दी में लिखवाए गए, उन सभी में प्रायः अनुवाद की भाषा का ही प्राधान्य रहा। कहा जा सकता है कि हमारे सामने दूसरा विकल्प ही क्या था। जिन विषयों के ग्रन्थ हिन्दी में नहीं थे, उन्हें शीघ्र तैयार कराने के लिए अनुवाद कराना ही सबसे उचित विकल्प था। जिन्होंने स्वतन्त्र रूप से पुस्तकों की रचना की उन्होंने भी पारिभाषिक शब्द हिन्दी निदेशालय के शब्द-संग्रह से ही लिए और अपनी हिन्दी-पुस्तकों का मूल आधार किसी-न-किसी प्रसिद्ध अंग्रेज़ी पुस्तक को ही बनाया। इसलिए स्वतन्त्र लेखकों की हिन्दी भी अनुवाद की हिन्दी से बहुत भिन्न न हो सकी। यह तो ठीक है कि जब दो भाषाएँ आमने-सामने हों और एक की समृद्धि की धाक दूसरी पर जमी हो तो दूसरी को विकसित करने के लिए पहली से सामग्री लेना एक प्रकार की विवशता या अपरिहार्यता मानी जा सकती है। हिन्दी के सम्बन्ध में भी आज कुछ इसी प्रकार की विवशता है। इस प्रकार की विवशता द्विवेदी-युग में भी थी। लेकिन इस विवशता से निपटने का जो प्रयास तब हुआ था और जो आज हो रहा है उनमें बहुत बड़ा अन्तर है। उस समय अंग्रेज़ी भाषा से विचार और तथ्य लिए जाते थे और उन तथ्यों और विचारों को अच्छी तरह पचाकर हिन्दी-भाषा में इस प्रकार प्रस्तुत किया जाता था कि साधारण पाठक को वह मूल हिन्दी का लेख प्रतीत होता था। आज स्थिति इससे भिन्न है।

अन्य विषयों की बात छोड़कर हम आलोचना के क्षेत्र में प्रयुक्त हिन्दी को ही सामने रखकर विचार करें तो स्थिति बहुत-कुछ स्पष्ट हो जाएगी। आलोचना के क्षेत्र में अनेक पारिभाषिक शब्दों का प्रयोग आचार्य रामचन्द्र शुक्ल ने भी किया है। उन्होंने भी रिचर्ड्स, क्रोचे, डब्ल्यू०पी० केर, स्पिंगर्न आदि अनेक समीक्षकों के कथनों को अनुवाद करके उद्धृत किया है। उनकी शैली में भी एक प्रकार की पारिभाषिकता है, किन्तु उनके विचार भाषा के कारण दुरूह नहीं हुए हैं। अंग्रेज़ी के पारिभाषिक शब्दों का प्रयोग करते हुए उन्होंने बराबर प्रयत्न किया है कि वे अपने मूल-सन्दर्भ से च्युत न हों। उनके द्वारा प्रयुक्त अंग्रेज़ी के पारिभाषिक शब्दों की कुल संख्या 100 से अधिक नहीं है। आज स्थिति भिन्न है। आज का समीक्षक पाश्चात्य समीक्षा के समानान्तर हिन्दी-समीक्षा को प्रतिष्ठित करने के प्रयत्न में पाश्चात्य-समीक्षकों द्वारा प्रयुक्त पारिभाषिक शब्दों के सहारे सोचने लगा है। गम्भीर चिन्तन का अर्थ हो गया है टी०एस० ईलियट, आई०ए० रिचर्ड्स, जान क्रो

रेन्सम, क्लीन्थ ब्रूक्स, एलेन टेट, विलियम एम्पसन, ब्लेक मूर, ज्याँ पाल सार्त्र, लारेन्स ड्यूरेल, बर्गसाँ, बाल्टर पेटर, क्रिस्टोफर कॉडवेल, जेरेमी हॉथर्न, एफ०आर० लीबिस आदि विचारकों के कथनों और वक्तव्यों को अनूदित करके उद्धृत कर देना। परिणाम यह हुआ कि आज हिन्दी-समीक्षा के क्षेत्र में करीब 250 पारिभाषिक शब्द पाश्चात्य समीक्षा से ज्यों-के-त्यों ले लिए गए हैं। श्री 'अज्ञेय', 'मुक्तिबोध', नामवर सिंह, विजयदेवनारायण साही, श्याम परमार, अशोक वाजपेयी, देवीशंकर अवस्थी, रमेशचन्द्र शाह, रवीन्द्र श्रीवास्तव, रामस्वरूप चतुर्वेदी, रमेश कुन्तल मेघ आदि की समीक्षाओं से उन्हें उद्धृत किया जा सकता है। भारतीय काव्यशास्त्रीय शब्दों का प्रयोग क्रमशः कम होता जा रहा है। समीक्षक पारिभाषिक शब्दों का प्रयोग करते समय मूल के साथ हिन्दी अनुवाद भी देते हैं, क्योंकि हिन्दी के बहुत से शब्द अभी पाश्चात्य समीक्षा के मूल शब्दों का सही अर्थ व्यंजित करने में असमर्थ समझे जा रहे हैं। यहाँ कुछ बहुप्रचलित शब्दों को उद्धृत करना अप्रासंगिक न होगा—

Approach (पहुँच), Technic (तकनीक), Identity (अस्मिता), Absurd (असंगत), Relevance (प्रासंगिकता), Intersubjective (अन्तर्विषयी) Strophic (समवेत गायन विषयक), Prejudiced (पूर्वग्रह-युक्त), Modern (आधुनिक) Tradition (परम्परा), Impersonal (निर्वैयक्तिक), Aesthetic Pattern (सौन्दर्याभिरुचि), Social Sanction (सामाजिक स्वीकृति), Canvas (फलक), Theorization (सिद्धान्ती-करण), Parallelism (समानान्तरता), Regimentation (व्यूहीकरण), Super-ego (उच्चतर अहं), Associations (साहचर्य), Structure (संरचना), Frame (ढाँचा), Objective Co-relative (वस्तुनिष्ठ समीकरण), Intenational Fallacy (अभिप्रायपरक हेत्वाभास), Effective Fallacy (प्रभावपरक हेत्वाभास), Sweep of Imagination (कल्पना का वेग), Texture (ग्रन्थन) Structural Emotion (संरचनात्मक संवेग), Observation (व्युत्प्रेक्षा) Image (बिम्ब), Organic theory (आवयविक सिद्धान्त), Poetry of Inclusion (अन्तर्वेशी काव्य), Poetry of Exclusion (अपवर्जी काव्य), Commitment (प्रतिबद्धता), Concreteness (मूर्तिमत्ता), Surrealist (अति यथार्थवादी), Referential meaning (वस्तुनिदर्शक अर्थ), Irony (विडम्बना), Self-alienation (आत्म निर्वासन), Fantacy (फन्तासी), Screening

(अन्वीक्षण), Contemporary (समसामयिक), Vehemence (आवेग उत्कटता), Myth (पुराण कथा), Poesy (कवित्व), Obsessed (आविष्ट होना), Involvement (अन्तर्ग्रस्तता), Ante-Poetry (अकविता), Tension (तनाव), Horror (संत्रास), Projectile (प्रक्षेपी), Intensity (घनत्त्व), craze (सनक), Psychic (मानसिक), Perception (प्रत्यक्ष ज्ञान), Inspired state (उत्साहपूर्ण मनःस्थिति), Miniature (सूक्ष्म चित्रकारी की एक उपशाखा), Futurism (भविष्यवाद), Pointillistic (बिन्दु विनिर्मित), Sensuous (एन्द्रिक), Hormonic (उत्तेजक रस), Impressionism (प्रभाववाद), Intuition (स्वयं प्रकाश ज्ञान), Creative process (रचना-प्रक्रिया), Comunicable (प्रेषणीय) आदि। इन शब्दों का प्रयोग निश्चय ही हिन्दी-समीक्षा को आधुनिक चिन्तन के अनुकूल बनाने के प्रयत्न में किया जा रहा है। इसे आधुनिकता का दबाव कहा जा सकता है। किन्तु इस प्रकार के प्रयोग जहाँ रचना-सन्दर्भ के अनुसार अभिव्यक्ति की सार्थकता के लिए अनिवार्य परिस्थितियों में किए जाते हैं वहाँ अनुचित प्रतीत नहीं होते, किन्तु जहाँ अनावश्यक रूप से पाठक को आतंकित करने या अपनी बहुज्ञता का विज्ञापन करने के लिए किए जाते हैं, वहाँ हास्यास्पद हो जाते हैं। इस प्रकार के पारिभाषिक शब्दों का प्रयोग करते समय यह भी ध्यान देना आवश्यक है कि कथन अनावश्यक रूप से अस्पष्ट या बोझिल न हो जाए। तात्पर्य वृत्ति का अभाव होने पर चिन्तन की गम्भीरता निरर्थक हो जाती है। आधुनिकता को आत्मसात करके अपनी जीवन-दृष्टि का अंग बनाना एक बात है और उसके दबाव में पड़कर पिचक जाना बिलकुल भिन्न बात है। आज ऐसे भी समीक्षक और विचारक हैं जिनकी भाषा आधुनिकता के दबाव से कहाँ पिचक गई है और कहीं अनावश्यक रूप से स्फीत हो गई है। एक प्रतिष्ठित समीक्षक ने आधुनिक चिन्तन का परिचय देते हुए अपने साढ़े चार पृष्ठों के एक निबन्ध में अंग्रेज़ी के कुल 66 पारिभाषिक शब्दों का प्रयोग किया है। इन सभी शब्दों के हिन्दी पर्याय भी उन्होंने स्वयं हो गढ़ कर प्रस्तुत किए हैं। निबन्ध का शीर्षक है—'साधारणीकरण का द्वन्द्व न्याय' लगता है, पूरा निबन्ध अनेक पारिभाषिक शब्दों के प्रयोग के लिए ही लिखा गया है। लेखक को शायद केवल इतना ही कहना है कि भट्टनायक ने 'साधारणीकरण' के सिद्धान्त की जो स्थापना की है, उसमें असंगतियाँ हैं। यह स्थापना किन्हीं विशेष परिस्थितियों में नित्य एवं निर्वैयक्तिक रूपों की तलाश का परिणाम है। इस सिद्धान्त को स्वीकार करने से जो अन्तर्विरोध

उत्पन्न होते हैं, भट्टनायक उनका निराकरण नहीं कर सके हैं। इतना कहने के लिए लेखक ने भाषा को जो आडम्बर और आटोप तैयार किया है वह अद्भुत है। समझ में नहीं आता कि निबन्ध किन पाठकों को ध्यान में रखकर लिखा गया है, यदि किसी पाठक को हिन्दी का एक निबन्ध समझने के लिए दर्शन, मनोविज्ञान, समाजशास्त्र, काव्यशास्त्र, इतिहास, मिथकशास्त्र आदि क्षेत्रों में प्रयुक्त अंग्रेज़ी के सैकड़ों पारिभाषिक शब्दों को उनके मूल-सन्दर्भ से जोड़कर समझने का द्रविण-प्राणायाम करना पड़े तो वह हिन्दी क्यों पढ़ेगा। वह मूल अंग्रेज़ी पढ़कर प्रतिपाद्य विषय को और अच्छी तरह समझ सकता है। स्वतन्त्र चिन्तन के नाम पर आज इतिहास-दर्शन, काव्यभाषा तथा सौन्दर्यशास्त्र इन तीनों क्षेत्रों में विदेशी विद्वानों के कथनों को अनूदित करके प्रस्तुत किया जा रहा है। इन क्षेत्रों में विश्व स्तर पर आज जो चिन्तन हो रहा है हिन्दी के पाठकों को उससे परिचित कराने के लिए आवश्यक है कि किसी एक क्षेत्र को चुनकर उस क्षेत्र के ज्ञान-विकास को समग्र रूप से आत्मसात किया जाए और तब उसे हिन्दी भाषा को प्रकृत लय में यथासम्भव परिचित शब्दावली के माध्यम से प्रस्तुत किया जाए। आज जो हिन्दी के जटिल होने की बात कही जाती है वह जटिलता विचारों की सूक्ष्मता की नहीं है। यह एक भाषा के विचारों को दूसरी में वाक्य-प्रति-वाक्य और शब्द-प्रति-शब्द स्थापित करने के प्रयत्न से उत्पन्न कृत्रिम जटिलता है। जटिलता का दूसरा कारण सिद्धान्त-चर्चा का प्रायः उदाहरणरहित होना है। जनवरी-मार्च, 1975 की 'आलोचना' में गुरुचरणसिंह मोंगिया का एक निबन्ध 'असौन्दर्य संवेदन शास्त्र की परिकल्पना' प्रकाशित हुआ है। इस निबन्ध में लेखक का प्रतिपाद्य यह है कि असौन्दर्य-संवेदन की भी स्वतन्त्र गुणात्मक सत्ता स्वीकार्य होनी चाहिए। इस सिद्धान्त को स्थापित करने के प्रयत्न में लेखक ने कार्ल रोजेन क्रॉज, बर्नार्ड बोसांके, स्केस्लर, हार्टमान आदि के विचारों को उद्धृत किया है, किन्तु उसने कहीं भी असौन्दर्य संवेदन की स्वतन्त्र गुणात्मक सत्ता से युक्त किसी कविता को उदाहृत नहीं किया है। लेखक की दृष्टि में प्रभाकर माचवे की 'कापालिक' कविता असौन्दर्य संवेदनशास्त्र का मेनीफेस्टो है अर्थात् मेनीफेस्टो पहले तैयार कर लिया गया है। अब उसी साँचे में ढालकर कविताएँ भी तैयार कर ली जाएँगी। आज आलोचना के क्षेत्र में ऐसे अनेक सिद्धान्तों की चर्चा हो रही है, जिनका हिन्दी में 'लक्ष्य' ही नहीं है। नए सिद्धान्तों की चर्चा मात्र ज्ञान-प्रदर्शन के लिए या पाठकों को चौंकाने के लिए की जा रही है।

किसी एक भाषा को परिष्कृत, संस्कृत एवं विकसित करने का अर्थ उस भाषा को प्रयुक्त करनेवाले समाज की चेतना को नया संस्कार देना होता है। इसके लिए उचित यह है कि उस समाज की परिचित साहित्य-भूमि को केन्द्र में रखकर ही नवीनतम सिद्धान्तों की चर्चा की जाए। रचना की ओर से चलकर आलोचना के सिद्धान्तों तक पहुँचना उचित होगा। नवीनतम आलोचना सिद्धान्तों, को सीधे आयात कर लेने से रचना और आलोचना का अन्तराल बना रहेगा और साधारण पाठक प्रसंगच्युत आयातित सिद्धान्त-चर्चा को ग्रहण करने में अपने को असमर्थ अनुभव करेगा। आज हिन्दी को अंग्रेज़ी के समकक्ष विकसित करने की चुनौती को इस रूप में स्वीकार किया जा रहा है कि हिन्दी में जो नहीं है, उसे इधर-उधर से जैते-तैसे जिस-तिस प्रकार लाकर यह दिखा दिया जाए कि वह सब तरह से पूर्ण है। यदि यह क्रम चलता रहा तो हिन्दी मात्र अनुवाद की भाषा बनकर रह जाएगी और एक दिन ऐसा आएगा जब हिन्दी का मूर्धन्य विद्वान नई हिन्दी को समझने में अपने को असमर्थ अनुभव करेगा।

रचना की चुनौतियाँ और आलोचना की सृजनशीलता

नई कविता और नवलेखन की शुरुआत के साथ ही आलोचना की नई भूमि की तलाश का प्रश्न उठा था। 'नई कविता के प्रतिमान' के प्रकाशन के समय (1957 ई०) श्री लक्ष्मीकान्त वर्मा ने कहा था—"कई वर्षों से इस बात की आवश्यकता अनुभव की जाती रही है कि नई कविता के विकास के साथ-साथ उसका विवेचनात्मक अध्ययन भी प्रस्तुत किया जाए ताकि वे नए सन्दर्भ और नए भावस्तर समझे जा सकें जिनके आधार पर आधुनिक कवि की भावना परम्परागत शिल्प और कथ्य से अलग सर्वथा नए धरातल विकसित करना श्रेयस्कर समझती है।"[1] श्री लक्ष्मीकांत वर्मा ने उस समय 'नई कविता' को मुख्यतः आधुनिक भावबोध के स्तर पर विवेचित करने की चेष्टा की। नई कविता के नए सन्दर्भ और नए भावस्तर को विश्लेषित करते हुए उन्होंने नई कविता की मनोवैज्ञानिक पृष्ठभूमि का परिचय दिया और भावबोध के नए स्तर, सौन्दर्यबोध के नए आधार और यथार्थ के नए धरातल की खोज की। लगभग इसी समय डॉ० रामस्वरूप चतुर्वेदी का 'हिन्दी नवलेखन' प्रकाशित हुआ। श्री चतुर्वेदी ने आधुनिकबोध के प्रतिमान का उपयोग साहित्य की सभी विधाओं के मूल्यांकन में किया। उन्होंने अपनी समीक्षा-पद्धति को 'समीक्षा की नई सृजनात्मक प्रणाली' कहा। समीक्षा की इस सृजनात्मक प्रणाली का जो रूप हिन्दी नवलेखन में स्फुटित हुआ है, वह साफ़-सुथरा है। इसमें न कहीं जटिलता, है, न रहस्यमयता। लेखक ने कृतियों का मूल्यांकन करते समय न केवल उनके ऐतिहासिक सन्दर्भ को स्पष्ट किया है, वरन उनमें लक्षित राजनीति के विभिन्न पक्षों की ओर भी संकेत किया है और व्यापक मानवतावादी व्यवस्था के निर्माण में उनके योगदान पर भी विचार किया है। धीरे-धीरे समीक्षा की सृजनात्मक प्रणाली भाषा-दृष्टि तक सीमित होती गई। इसने न केवल अपने को शास्त्रीयता से मुक्त किया, वरन ऐतिहासिक विवेक और सामाजिक

---

1. नई कविता के प्रतिमान, पुरोवचन

अभिप्राय से भी किनारा कर लिया। यह धारणा विकसित हुई कि साहित्य की नितान्त स्वायत्त दुनिया है और इस दुनिया की पहचान, पड़ताल और परख भाषिक-संरचना के विश्लेषण के माध्यम से हो सकती है। यह समझा जाने लगा कि राजनीतिक रिश्ता कविता को भ्रष्ट कर देता है। कविता की अपनी अस्मिता है। अपनी पवित्रता है। उसे किसी अन्य अनुशासन से जोड़कर देखने से उसके अवमूल्यन का खतरा है। कविता की परख कविता के भीतर से होनी चाहिए। उस पर किसी पूर्वनिर्मित प्रतिमान को लागू करना, उसके साथ अन्याय करना है। इस धारणा के चलते रचना की आन्तरिक बुनावट के विश्लेषण की प्रवृत्ति को बल मिला। उसके रूप-पक्ष के विवेचन-विश्लेषण की प्रवृत्ति आलोचना की प्रमुख दिशा बन गई। शैली-विज्ञान और संरचनावाद के सिद्धान्तों को दृष्टि में रखकर को जानेवाली आलोचनाओं से भी काव्य की स्वायत्तता सिद्ध हुई। आज आलोचना ऐसी भूमि पर पहुँचने का दावा कर रही है जहाँ से वह भाषा के रास्ते पर चलकर काव्य कृति के अन्तर्जगत में प्रवेश करके रचनाकार की सृजनात्मक चेतना के आन्तरिक रहस्यलोक का सीधा साक्षात्कार कर सकती है।

इसमें सन्देह नहीं कि प्रत्यक्ष जगत के सारे रूप व्यापार शब्दों में रूपान्तरित होकर ही काव्य-संसार में अपनी पहचान अंकित करते हैं। अर्थरूप जगत शब्द-रूप ब्रह्म से अद्वैतता स्थापित करके ही काव्य में रूपायित होता है। आधुनिक आलोचना की भाषा में यही अनुभव और शब्द की अद्वैतता है। इस अद्वैतता को आज प्राय: सभी रचनात्मक समीक्षा को अपनानेवाले समीक्षक स्वीकार करने लगे हैं। डॉ० रामस्वरूप चतुर्वेदी तो इसी स्तर पर शैली-विज्ञान का विरोध करते हुए कहते हैं—"शैली-विज्ञान में 'अभिव्यक्ति पक्ष' और 'काव्य-पक्ष' का जैसा स्थूल द्वैत यहाँ घोषित है वह कविता के सुकुमार संश्लिष्ट स्वभाव के बहुत योग्य नहीं जान पड़ता, जबकि आधुनिक आलोचना अर्थ और अनुभव को सूक्ष्म अद्वैत प्रक्रिया को समझने का उपक्रम है।" (आलोचना, 42)। शब्द और अर्थ, वस्तु और रूप, अनुभव और भाषा, भाव और कला की संश्लिष्टता एवं अद्वैतता का बोध कोई नई बात नहीं है। यह चिन्तकों की कोई लाचारी है कि काव्य-वस्तु के विश्लेषण-क्रम में इनके द्वैत की चर्चा करनी पड़ती है। श्री रवीन्द्र श्रीवास्तव ने शैली-विज्ञान के लक्ष्य को स्पष्ट करते हुए कहा है-"शैली-विज्ञान, प्रतीक के सन्दर्भ में कथ्य (Content) और अभिव्यक्ति (Expression Form) के एकीकरण की मान्यता को स्वीकार कर चलता है। यह अभिन्नता ही

किसी काव्य-कृति को एक निश्चित और सम्पूर्ण 'इकाई' के पद पर आसीन करती है। कथ्य और अभिव्यक्ति, इस इकाई के न तो दो स्तर हैं और न दो खंड, अपितु वे एक ही वस्तु के दो पक्ष हैं।" (आलोचना, 41) आधुनिक सर्जनात्मक समीक्षक, कथ्य और अभिव्यक्ति को एक ही वस्तु के दो पक्ष भी मानने को तैयार नहीं है। वह केवल यह मानता है कि काव्य भाषिक संरचना है और इसके अतिरिक्त कुछ नहीं है। ऐसा मानने के कारण उसे कवि-कर्म की सम्पूर्ण व्याप्ति को भाषा के मुहावरे में ही व्यक्त करना पड़ रहा है। वह यह कहने को अपेक्षा कि, " 'निराला' आजीवन रूढ़िग्रस्त संस्कारों से जूझते रहे हैं", यह कहना अधिक समीचीन समझता है कि, ''निराला ने भाषा से बार-बार जूझकर और अन्त में हारकर अपना सन्तुलन खो दिया था।'' अनुभव और भाषा की अद्वैतता से सिद्धान्त के स्तर पर इनकार नहीं किया जा सकता। कविता, भाषा है और केवल भाषा है, इससे भी इनकार नहीं किया जा सकता, किन्तु इस मान्यता को आत्यन्तिक रूप में स्वीकार कर लेने पर कुछ व्यावहारिक कठिनाइयाँ सामने आती हैं।

कथन और कथ्य की अद्वैतता का सिद्धान्त हमें यह मानने के लिए विवश करता है कि भाषा-संवेदना का सही बोध हमें कवि के अनुभव जगत का सही साक्षात्कार करा सकता है। इस न्याय से हम कवि-विशेष को काव्यभाषा के सहारे उसके अनुभव के सहभागी हो सकते हैं। अब 'निराला' के काव्य को सामने रखकर विचार कीजिए। आज कितने पाठक हैं जो 'राम की शक्तिपूजा' पढ़कर 'निराला' के 'अपराजेय मन' का साक्षात्कार कर सकते हैं। कितने पाठक हैं जो 'स्नेह निर्झर बह गया है' के गहन अवसाद को फिर से जीकर नए सिरे से उस अनुभव की अपनी समीक्षा में रचनात्मक सिद्धि दे सकते हैं। इसी प्रकार 'मुक्तिबोध' को पढ़कर क्या 'मुक्तिबोध' के पूरे मानसिक तनाव को जिया जा सकता है? रचना की भाषिक-प्रतीक पद्धति के सहारे रचयिता के अनुभव-संसार में प्रवेश करने का एक ही सफल (एक सीमा तक) प्रयोग हिन्दी साहित्य में उपलब्ध है, 'बाणभट्ट की आत्मकथा'। इस कथा में बाणभट्ट के सर्जक-व्यक्तित्व का साक्षात्कार मुख्यतः उन्हीं की कृतियों को उपजीव्य बनाकर किया गया है, किन्तु यहाँ भी उस युग के पूरे परिवेश से परिचय प्राप्त करके ही यह प्रयोग सम्भव हो सका है। बाण का समानधर्मा उत्पन्न होने से डेढ़ हजार वर्ष लग गए। 'निराला' और 'मुक्तिबोध' के समानधर्मा कब उत्पन्न होंगे, नहीं कहा जा सकता। हाँ, आज जो इन कवियों को अधिक-से-अधिक समझनेवाले हैं, उन्होंने इनके काव्य

की व्याख्या में इनकी कृतियों के गहन पाठ के साथ ही इनके जीवन और परिवेश को अच्छी जानकारी का भी सहारा लिया है।

आलोचना की सृजनशीलता के सम्बन्ध में विचार करते हुए डॉ० नामवर सिंह ने कहा है—"आलोचक जब आलोच्य कृति के सम्पूर्ण कथ्य को कथन- मात्र के रूप में स्वीकार करके आलोचना-कर्म में प्रवृत्त होता है, तो उस पर कथ्य-कथन के सम्बन्ध में प्रवेश करने की कठिन जिम्मेदारी आ जाती है। तादात्म्य के रूप में प्रस्तुत कथ्य-कथन के बीच वह एक तरह से सेंध लगाता है और अन्तर्निहित तनाव की तलाश करता है। आलोचक की यह तलाश ही उसकी सृजनशीलता है।" डॉ० नामवर सिंह की इस व्याख्या पर मुझे आपत्ति नहीं है, क्योंकि एक प्रकार का द्वन्द्व, उद्विग्नता, तड़प या आग तो प्रत्येक श्रेष्ठ रचनाकार में होती है। इसी के चलते उनकी रचना में मर्म-बिन्दु का निर्माण होता है। यह मर्म-बिन्दु ही रचना की कलात्मक सिद्धि का कारण बनता है। यह मर्म-बिन्दु रचना के भाषिक स्वरूप में भी एक प्रकार का तनाव उत्पन्न कर सकता है। इस तनाव को पहचानकर हम रचना के मर्म बिन्दु को पहचान सकते हैं। उदाहरण के लिए जायसी की कविता में लौकिक प्रेम एवं सौन्दर्य को आध्यात्मिक स्तर पर प्रतिष्ठित करने की प्रतिबद्धता ने एक प्रकार का तनाव उत्पन्न किया है और उन्हें समासोक्ति या एलिगरी का सहारा लेना पड़ा है। कबीर में परम्परा एवं रूढ़ि से मुक्ति की अदम्य आकांक्षा तथा सहज जीवन-मूल्यों के प्रति प्रगाढ़ प्रतिबद्धता ने एक गहन द्वन्द्व उत्पन्न किया है और उनकी वाणी को व्यंग्यपूर्ण अर्थवत्ता प्रदान की है। तुलसी के ऊपरी सामंजस्य विधान के भीतर वेद और लोक, राम और काम, परम्परा और युग-जीवन की गतिमयता, तथा वस्तु और भणिति को लेकर कितना गहरा द्वन्द्व रहा होगा, इसका अनुमान ही लगाया जा सकता है। यहाँ हम यह प्रश्न नहीं उठाना चाहते कि सृजनात्मक आलोचना का मूल स्वरूप क्या है? भाषा-संवेदना के सहारे रचनाकार के पूरे अनुभव-संसार में प्रवेश करके उसे पुनः सृजित करना या कथ्य-कथन के बीच सेंध लगाकर रचना में अन्तर्निहित तनाव की तलाश करना। हम यह भी प्रश्न नहीं उठाना चाहते कि रचना में अन्तर्निहित तनाव को काव्य-मूल्यों के रूप में स्वीकार करने की प्रवृत्ति हिन्दी नई कविता के मूल्यांकन क्रम में स्वत: विकसित हुई है या इसे नई समीक्षा के उन्नायक क्लीन्थ ब्रुक्स (Cleanth Brooks) और एलेन टेट (Allen Tate) की स्थापनाओं से सीधे ग्रहण कर लिया गया है। हम मानते हैं कि काव्य-मूल्य किसी देश या जाति की निजी सम्पत्ति

नहीं है। यदि वे सार्थक हैं तो उनका उपयोग हम कर सकते हैं। लेकिन हम यह अवश्य जानना चाहेंगे कि इन मूल्यों और स्थापनाओं को लेकर जो व्यावहारिक मूल्यांकन किए गए हैं वे काव्य-मर्म का उद्घाटन करने में कहाँ तक सफल हुए हैं? भाषा के रास्ते चलकर हम रचना-विशेष के मर्म-बिन्दु का उद्घाटन कहाँ तक कर सके हैं, क्योंकि किसी सिद्धान्त या धारणा के स्वीकार का महत्त्व उसकी व्यावहारिक सिद्धि में है।

आधुनिक शैली-विज्ञान और संरचनात्मक व्याख्या के सिद्धान्तों से लैस होकर श्री रवीन्द्रनाथ श्रीवास्तव ने 'अज्ञेय' की एक छोटी-सी कविता 'जीवन-मर्म' की जो व्याख्या की है, वह स्वयं 'अज्ञेय' की व्याख्या से मेल नहीं खाती। कविता इस प्रकार है—

झरना
झरता पत्ता
हरी डाल से
अटक गया।

श्री 'अज्ञेय' की व्याख्या है, "ओस की बूँद ही क्यों, मैं तो झरते पत्ते को देखकर भी अटक जाता हूँ, पहले झरना ही लीजिए—एक तरफ वह झरकर गिरता है तो दूरी तरफ वह झरना, प्रपात की स्रोतस्विता है : पत्ता भी झरता है और बन झरना भी झरता है और बन झरने की धार भी झरती है—और उसका झरना ही अनन्त प्रक्रिया है। झरता पत्ता भी अगर एक ओर अपने अन्त का संकेत देता है, तो दूसरी ओर क्या उस प्रक्रिया का भी संकेत नहीं देता जिसमें अन्त है ही नहीं, केवल अर्थ क्रियाओं की सनातनता है।" वे आगे कहते हैं—"नश्वरता का मेरे लिए कभी कुछ विशेष अर्थ नहीं हुआ, लेकिन हर चीज मिटती हुई किसी प्राणवान चीज की प्राणवत्ता में अपना योग दे जाती है, यह मैंने बार-बार देखा है और हर बार पाया है कि इससे एक अन्तःस्फूर्ति मिलती है, जो स्वयं प्राणदायिनी है।" (संवत्सर, पृ० 25) श्री रवीन्द्रनाथ श्रीवास्तव ने लगभग अपनी छह पृष्ठीय व्याख्या में जो कुछ कहा है वह 'अज्ञेय' की व्याख्या से मेल नहीं खाता। उन्होंने श्री 'अज्ञेय' की व्याख्या के प्रति शंका व्यक्त करते हुए कहा है कि—"यह व्याख्या सम्भव तो है पर मन में एक-दो शंका छोड़ जाती है। अगर अन्य पत्ते पीले हैं, और अपने समय पर टूटकर झर रहे हैं तब उन सभी को पका (अनुभव से परिपक्व) न मानने का कोई कारण नहीं, कम-से-कम कविता से वह कारण व्यंजित नहीं हो रहा है और संरचनात्मक व्याख्या का आधारभूत सिद्धान्त यह पता लगाता

है कि वस्तुतः कविता क्या कह (व्यंजित कर) रही है न कि कवि का अपना मन्तव्य क्या है।" (अज्ञेय, सं० विश्वनाथप्रसाद तिवारी, पृ० 79)। एक दूसरा उदाहरण लिया जाए। श्री केदारनाथ सिंह की एक कविता—'जमीन'। यहाँ हम उसका एक अंश उद्धृत करना चाहेंगे—

जमीन एक बैल की तरह खड़ी थी
खूँटे की तरह
आलू के स्वाद की तरह लग रही थी जमीन
एक भूरापन फैलता जा रहा था
यह चीजों के पकने का रंग है उसने कहा
और उसने सोचा
उसे दर्जी के पास जाना चाहिए
वक्त आ गया है उसने कहा
जब आदमी को भूरेपन के बारे में
अपना दृष्टिकोण साफ कर लेना चाहिए
उसने तय किया कि वह एक आलू के अन्दर
प्रवेश करेगा
वह जमीन की महक दर्जी तक ले जाएगा
और कहेगा
'सिलो'
वह उस औरत के पास जाएगा और कहेगा
सब्जी अगर नहीं पकती तो कोई बात नहीं
जमीन पक रही है
उसके सामने
घोड़े की पीठ की तरह फैली हुई जमीन
जमीन सिर्फ जमीन की तरह लग रही थी।
सिर्फ जमीन थी
और जमीन का पकना था
जैसे जंगलों में गोश्त पक रहा हो।

इस कविता की जो शब्द-संवेदना के सहारे समीक्षा की गई, उस पर ध्यान देना आवश्यक है—"लम्बे समय के बाद 'जमीन' कविता के लिए इतनी प्रासंगिक सिद्ध हुई। युवा कवि जो जंगल-गाथाएँ लिख रहे थे, उसमें (उनमें ?) जमीन और पेड़ों की हरकत से भरी असलियत गायब थी पर

केदारनाथ सिंह के लिए सबसे अधिक प्रासंगिक मनुष्य था, जिसके सामने जमीन के असंख्य रूप-अनोखी क्रियाएँ थीं। सम्बन्धों का अटपटापन लय में और अर्थ में भी घुलता चला गया है—यह यहाँ गौर करने की चीज है। जमीन पद की आवृत्ति से अर्थ पैदा होता है—माध्यम के प्रति कलात्मक सजगता हो कविता में यह असर पैदा करती है। यह पूरी विकास-प्रक्रिया के प्रति प्रश्नात्मक विश्वास का रुख है—यहाँ मनुष्य के प्रति गम्भीर स्वीकार का भाव है। 'औरत' भी यहाँ एक भिन्न प्रकार का अभिप्राय है।" (आलोचना, 36) (इसके बाद अकवियों द्वारा स्त्री के प्रति व्यक्त रुख का विवेचन है जो 'जमीन' कविता से सीधे सम्बद्ध नहीं है।) उपर्युक्त समीक्षा के समीक्षक को यही नहीं स्पष्ट है कि प्रस्तुत कविता में 'जमीन' प्रासंगिक है या मनुष्य? बात आरम्भ करते हुए जमीन को प्रासंगिक बताया गया है किन्तु दो पंक्तियों के बाद मनुष्य को सबसे अधिक प्रासंगिक कहा गया है। जमीन पद की आवृत्ति के कौन-सा अर्थ (अभिप्राय) पैदा हुआ है? औरत से यहाँ किस अभिप्राय (भिन्न प्रकार का ही सही) की व्यंजना हुई है ? कहा जा सकता है कि कविता के चीजों की पहचान उस प्रकार नहीं की जाती, जिस प्रकार सामान्य जीवन में। बात ठीक है, लेकिन आलोचक का यह दायित्व तो है ही कि वह रचना की मूल संवेदना की ओर संकेत करते हुए उन चीजों को कलात्मक सन्दर्भ दे जिनका अटपटापन कविता की लय और अर्थ में घुलता चला गया है। कुछ खास किस्म की नई कविताओं के कथ्य या संवेद्य को पहचानने की कठिनाई का अनुभव समर्थ समीक्षकों ने भी किया है। कारण चाहे कथ्य की नवीनता हो, चाहे फैंटेसी और स्वप्नकथाओं का अयथार्थवादी शिल्प, चाहे एक-एक शब्द में एक-एक वाक्य का अर्थ गर्भित करने की जटिल प्रक्रिया हो, चाहे शब्द-संकेत को रंग-संकेत का स्थानापन्न बनाने की समास चेष्टा, चाहे अपरिचित और निजी बिम्बों और प्रतीकों के सहारे एक अमूर्त, पारदर्शी वर्णमय लोक की सृष्टि हो, चाहे भावक वर्ग की कवि-कर्म के साथ क्रियात्मक योग स्थापित कर पाने की अक्षमता, चाहे विचलन (डीविएशन) के नाम पर वाक्य के मान्य पद-क्रमों में मनमाना परिवर्तन हो, चाहे इन्द्रियों के स्वीकृत बोध में उलट-फेर करके आँखों से चलने और पैरों से देखने के नए मुहावरों का निर्माण, यह एक सच्चाई है कि प्रबुद्ध पाठकों को भी नई कविता के नए बेल बूटेदार मुहावरों के भीतर झाँककर कविता के मर्म तक पहुँचने में कठिनाई हो रही है। शमशेर के काव्य के सन्दर्भ में प्रेषणीयता का प्रश्न उठाते हुए मलयज ने लिखा है—"शमशेर अपनी अभिव्यक्ति शैली में

एक ऐसे स्थान पर खड़े हैं, जहाँ से नीचे उतरना नहीं चाहते, बल्कि वे अपने साथ ही अपने संवेदनशील पाठक को ऊँचा उठाकर एक अमूर्त पारदर्शी लोक में ले जाना चाहते हैं, किन्तु वह संवेदनशील भावक वर्ग जो वर्तमान जीवन-सन्दर्भों में अधिकाधिक जागरूक, विवेक-सम्पन्न तथा जीवन्त समसामयिकता के प्रति उन्मुख होता जा रहा है और जिसकी दृष्टि में चाहे ऊँचाई न हो, विस्तार अवश्य है, शमशेर की कविताओं के साथ क्रियात्मक योग स्थापित कर पाने में कठिनाई का अनुभव करता है।" (शमशेर, पृ. 50) कुछ रचनाकार और आलोचक कला कृति का महत्त्व उसकी सम्प्रेषणीयता के आधार पर स्वीकार नहीं करते। श्री निर्मल वर्मा का कहना है—"हम यह भूल जाते हैं कि किसी भी कला-कृति का महत्त्व उसकी सम्प्रेषणीयता पर नहीं, बल्कि उसके अन्तर्निहित उद्देश्य और उस उद्देश्य को रूपायित करने की जिम्मेदारी द्वारा निर्धारित होता है।" (शब्द और स्मृति, पृ. 78) ठीक है, लेकिन यह कैसे प्रमाणित होगा कि रचना में अन्तर्निहित उद्देश्य अपनी पूर्णता में रूपायित हो गया है? यदि प्रबुद्ध पाठक रूप के सहारे रचना में निहित उद्देश्य को लक्षित करने में अपने को असमर्थ पाता है, तो कलाकृति की सार्थकता कैसे सिद्ध होगी? पाठक-निरपेक्ष कविता की प्रयोजनीयता क्या होगी? कविता के मर्म-बिन्दु तक पहुँचने का प्रयत्न तो आलोचक को करना ही होगा। आज का आलोचक कविता की व्याख्या से कतराता है। श्री अशोक वाजपेयी ने ठीक ही लक्षित किया है कि, "दरअसल, बीस वर्षों में ज्यादातर आलोचना सिद्धान्त-निरूपण में व्यस्त रही है। अपने कर्तव्य को ईमानदारी से पूरा करने के लिए जरूरी है कि आलोचक के पास सिद्धान्त और धारणाएँ हों, पर आलोचना का अभिप्राय इन सिद्धान्तों की सिद्धि की खोज करना नहीं है। अक्सर हुआ यह है कि रचनाओं को उनकी आत्यन्तिकता में पहचानना और उपलब्ध कराना छोड़कर, आलोचक उन्हें किसी सिद्धान्त के उदाहरण के रूप में देखता-परखता है।" (फिलहाल, पृ० 191) जहाँ कहीं रचनाओं को पहचानने की कोशिश की गई है, वहाँ या तो रूप-तत्त्व (भाषिक संरचना) के विश्लेषण तक ही अपने को सीमित रखा गया है, या कवि मन्तव्य से भिन्न मन्तव्य तक पहुँचकर पाठक को द्विधाग्रस्त स्थिति में लाकर छोड़ दिया गया है या एक ही कविता का अलग-अलग आलोचकों द्वारा अलग-अलग अभिप्राय निदर्शित करके पाठक के मन में पूरी विश्लेषण-प्रक्रिया के प्रति सन्देह का भाव जगा दिया गया है। तात्पर्य यह कि कुछ खास किस्म की रूपतत्त्व-प्रधान रचनाओं की चुनौती को आज की सृजनशील आलोचना पूरा-

पूरा स्वीकार करने में समर्थ प्रमाणित नहीं हो रही है। और उसका भाषिक संरचना के विश्लेषण के सहारे कविता की मूल संवेदना या मर्म-बिन्दु या कथ्य-कथन के बीच स्थित तनाव को लक्षित करने का दावा व्यावहारिक स्तर पर हमें पूर्णतः आश्वस्त नहीं कर पा रहा है।

भाषा संवेदना पर निर्भर होने और रचना की पूर्ण स्वायत्तता स्वीकार कर लेने से हमें ऐसा लगता है कि आलोचना की भूमि अत्यन्त संकुचित हो गई है। हिन्दी-आलोचना को आचार्य शुक्ल ने जिस भूमि पर प्रतिष्ठित किया था उसकी उपयोगिता और सम्भावना आज भी समाप्त नहीं हुई है। आचार्य शुक्ल ने सम्पूर्ण भारतीय काव्य की अन्तःप्रकृति की छान-बीन करने के बाद यह लक्षित किया था कि उसके भीतर के अनेक पक्षों और जगत के नाना रूपों के साथ मनुष्य हृदय का गूढ़ सामंजस्य विद्यमान है। उन्होंने काव्यानुभव के मूल में व्यक्तित्व को लय कर देनेवाली उस विशिष्टता को लक्ष्य किया था, जो पूरे कवि-कर्म को रमणीय बना देती है। उन्होंने काव्यानुभव एवं जीवनानुभव के द्वैत को समाप्त कर जीवन के गत्यात्मक सौन्दर्य और उसकी मांगलिक परिणति को ही काव्य की प्रकृति भूमि के रूप में निर्दिष्ट करना चाहा था। उन्होंने काव्य के रूपवादी झुकाव के प्रति समीक्षकों और रचनाकारों को बराबर आगाह किया था जो रचना को अमूर्त बना सकता है। आचार्य शुक्ल की समीक्षा की सीमाएँ हो सकती हैं, लेकिन उनके द्वारा निर्दिष्ट समीक्षा-भूमि अब भी हमारे लिए दिशा-निर्देश का कार्य कर सकती है।

अभिनव रचना-सन्दर्भ और परम्परागत काव्य-तत्त्व

किसी भी साहित्य के विकास-क्रम में जब कभी रचना-सन्दर्भ बदलते हैं तो काव्य-चिन्तन के क्षेत्र में दो प्रकार की प्रवृत्तियाँ लक्षित होती हैं : एक ओर तो परम्परागत काव्य-तत्त्वों को नए सन्दर्भ में रचित नवीन साहित्य के निकट लाने के प्रयत्न में उनका पुनराख्यान किया जाता है और दूसरी ओर नव सर्जित साहित्य के प्रति अतिशय संवेदनशील एवं समान अनुभूति रखनेवाले नए समीक्षक मूल्यांकन के नए प्रतिमान प्रतिष्ठित करने की चेष्टा करते हैं। कभी-कभी नवीन साहित्य के रचनाकार स्वयं आगे बढ़कर अपनी रचना के सम्बन्ध में वक्तव्य देते हैं, उनकी विशेषताओं को स्पष्ट करते हैं और अभिनव सौन्दर्य-स्रोतों की ओर पाठक का ध्यान आकृष्ट करते हैं। किन्तु देखा यह जाता है कि काव्यात्मक प्रभाव या निजी संवेदनाशीलता या सम-अनुभूति या नवीनता के प्रति ललक के आधार पर आविष्कृत नए काव्य-मूल्य 'प्रतिमान' रूप में प्रतिष्ठा तभी प्राप्त करते हैं, जब वे परम्परागत काव्य-तत्त्वों से टकराकर अपनी सार्थकता और तत्त्व रूप में स्वीकार्य होने की योग्यता प्रमाणित कर लेते हैं। दूसरी ओर परम्परागत काव्य-तत्त्व भी अपनी प्रासंगिकता तभी प्रमाणित कर पाते हैं, जब वे नवीन रचनाओं से टकराकर उनके मर्म को विश्लेषित करने की अपनी क्षमता का परिचय देते हैं।

आधुनिक हिन्दी साहित्य में 'छायावाद' के उत्थान के समय उपर्युक्त दोनों प्रवृत्तियों को एक साथ कार्य करते हुए देखा जा सकता है। एक ओर आचार्य रामचन्द्र शुक्ल जैसा तत्त्वान्वेषी समीक्षक परम्परागत काव्य-तत्त्वों का पुनराख्यान करते हुए रस-पद्धति को आधुनिक मनोविज्ञान के आलोक में विकसित कर रहा था, छायावादियों द्वारा काव्य-तत्त्व के रूप में उद्घोषित 'हृदय की अनुभूति' के साथ उसे जोड़ रहा था, मुक्तक और गीति रचनाओं को रस-दृष्टि से विश्लेषित करने के प्रयत्न में रस की कोटियों का निर्धारण कर रहा था और काव्य में भावदीप्त कल्पना के उन्मेष, संश्लिष्ट प्रकृति-चित्रण तथा बिम्बविधायिनी भाषा के प्रयोग पर बल दे रहा था, तो दूसरी

ओर आचार्य नन्ददुलारे वाजपेयी और शान्तिप्रिय द्विवेदी जैसे नवीन रचना के प्रति अतिशय संवेदनशील समीक्षक काव्यात्मक प्रभाव को महत्त्व देते हुए सौष्ठववादी एवं स्वच्छन्दतावादी काव्य-प्रतिमानों की प्रतिष्ठा कर रहे थे। आगे चलकर हम देखते हैं कि सौष्ठवादी प्रतिमान रस-पद्धति के भीतर समाहित हो जाते हैं और आचार्य नन्ददुलारे वाजपेयी तथा डॉ० नगेन्द्र जैसे 'छायावाद' के समर्थक समीक्षक 'रस' के महत्त्व को स्वीकार करते हुए उसकी काव्य-समीक्षा के शाश्वत प्रतिमान के रूप में प्रतिष्ठा प्रदान करते हैं। यही नहीं, कवि पन्त जैसा नवोन्मेष को महत्त्व देने वाला कवि डॉ० नगेन्द्र के 'रस चेता' और 'रस द्रष्टा' समीक्षक व्यक्तित्व की भूरि-भूरि प्रशंसा करता है। इस प्रकार हम देखते हैं कि यदि एक ओर रस-तत्त्व नवीन रचनाओं में सन्निहित सौन्दर्य-स्रोतों के निकट आने के प्रयत्न में अद्वैत वेदान्त समर्पित शास्त्रीय सीमाओं से खिसककर थोड़ा आगे बढ़ा है, तो दूसरी ओर छायावादी काव्य-संवेदना के आधार पर प्रतिष्ठित सौष्ठववाद अपनी शैशवकालीन चपलता और स्वच्छन्दता की सीमा से ऊपर उठकर रस-सिद्धान्त के परम्परागत गौरव का उत्तराधिकार प्राप्त करना चाहता है।

साहित्य में सामाजिक यथार्थ को महत्त्व देनेवाले प्रगतिशील रचनाकारों और प्रगतिशील समीक्षकों ने साहित्य के मूल्यांकन के लिए जिस मार्क्सवादी सौन्दर्यशास्त्र को आधार बनाया, रस-सिद्धान्त से उसका भी मेल बैठ गया। डॉ० रामविलास शर्मा ने जिन शब्दों में आचार्य शुक्ल के समीक्षक-व्यक्तित्व का महत्त्व स्वीकार किया है, वह इसका प्रमाण है। लोक-हृदय और लोक-मंगल से सम्बद्ध आचार्य शुक्ल के रस-सिद्धान्त से उनका कोई विरोध नहीं है। स्वयं डॉ० शर्मा ने 'सौन्दर्य' की जो परिभाषा की है, वह आचार्य शुक्ल की रस-दृष्टि समर्थित परिभाषा के बहुत निकट है। 'निराला' की साहित्य-साधना का मूल्यांकन करते हुए डॉ० शर्मा ने लिखा है—"निराला की काव्य-कला की नियामक है उनकी वृत्तियाँ, रूप-रस-गन्ध-शब्द के संसार को ग्रहण करने की विधि, इस संसार के प्रति उसके भावबोध की प्रक्रिया" (निराला की साहित्य साधना, भाग 2, पृ० 313, 1972 ई०) कहना न होगा कि आचार्य शुक्ल ने भी 'रस' के मूल में भावबोध की ही सत्ता स्वीकार की है और उनका भावबोध भी इन्द्रियों द्वारा नाना-विषयों के प्रत्यक्ष बोध पर ही आद्धृत है। शुक्ल जी ने भावों को ही मानव-व्यवहार का प्रवर्तक माना है। उन्होंने 'भाव' को व्यवहार-विच्छिन्न करके नहीं देखा है। कहा जा सकता है कि 'रस' के प्रति आचार्य शुक्ल का दृष्टिकोण प्रगतिशील है। इसीलिए

प्रगतिशील साहित्यकारों और प्रगतिशील समीक्षकों, दोनों ने ही आचार्य शुक्ल द्वारा पुनराख्यायित रस-तत्त्व का विरोध नहीं किया।

जहाँ तक काव्य के अन्य तत्त्वों—अलंकार, रीति, वक्रोक्ति आदि का प्रश्न है, उन्हें भी थोड़े परिवर्तित और परिष्कृत रूप में रचनाकारों और समीक्षकों दोनों ने स्वीकार किया। आचार्य शुक्ल ने तो भावों को उत्कर्ष देनेवाले या प्रस्तुत के सौन्दर्य में वृद्धि करनेवाले औपम्यमूलक अलंकारों को महत्त्व दिया ही था, सौष्ठववादी समीक्षकों—आचार्य वाजपेयी और डॉ० नगेन्द्र ने भी नए-सन्दर्भ में नई भंगिमा के साथ प्रयुक्त अलंकारों को काव्य-सौन्दर्य विधायक-तत्त्व के रूप में महत्त्व दिया। कहना न होगा कि छायावादी काव्य लक्षणा प्रधान है और गौणी लक्षणा का सारा व्यापार सादृश्य सम्बन्धमूलक होने के कारण औपम्यमूलक अलंकारों की अपेक्षा रखता है। आचार्य शुक्ल ने पन्त जी की कविताओं का उदाहरण देकर उनकी लाक्षणिक वक्रता की ओर ध्यान आकृष्ट किया है। वक्रता के बिना अलंकार-विधान सम्भव नहीं है। इसलिए छायावादी काव्य में वक्रोक्ति की पूर्ण व्याप्ति लक्षित की जा सकती है और आगे चलकर ऐसा किया भी गया। प्रगतिशील समीक्षकों में डॉ० रामविलास शर्मा ने 'निराला' के काव्य में अलंकारों के सन्निवेश पर गम्भीरतापूर्वक विचार करते हुए लिखा—"उपमा की शक्तिमत्ता का कारण 'निराला' की सूक्ष्म संवेदन-क्रिया है, यहाँ यह अलंकारमात्र नहीं, कविता की भाव-संरचना का अभिन्न अंग है।" (निराला की साहित्य साधना, खंड 2, पृ० 408) यही नहीं, उन्होंने 'निराला' की 'रूपक बाँधने की कला' प्रतीकयोजना, संश्लिष्ट बिम्ब-विधान, ध्वनि-प्रवाह-योजना तथा अनुप्रास-प्रियता पर भी विचार किया और यह बताया कि मन से निरलंकार कवित्व के सौन्दर्य को महत्त्व देते हुए भी 'निराला' ने अलंकारों को काव्य की 'मूल रचना सामग्री' के रूप में स्वीकार किया है।

प्रयोगवादी काव्य-आलोचना के आरम्भिक चरण में जब रचनाकार नए मूल्यों के अन्वेषण में रत थे, परम्परागत काव्य-तत्त्वों की चर्चा कम हुई, किन्तु नई कविता के प्रतिष्ठित होने के साथ ही रस की प्रासंगिकता का प्रश्न उठ खड़ा हुआ। नए रचनाकारों और समीक्षकों ने नई रचनाओं को ध्यान में रखकर यह स्थापित किया कि आज की विचार प्रधान, बौद्धिक और तनावयुक्त रचनाओं का मूल्यांकन रस-दृष्टि से नहीं किया जा सकता। 'अज्ञेय', 'मुक्तिबोध', डॉ० जगदीश गुप्त, धर्मवीर भारती तथा इस पीढ़ी के अन्य रचनाकारों ने यह तो माना कि पाठक का आस्वादक पर काव्यात्मक

प्रभाव पड़ता है; किन्तु वह रसानुभूति के स्तर का होता है, यह स्वीकार नहीं किया। नए समीक्षकों ने नई कविता के सन्दर्भ में अनुभूति में ईमानदारी, विचारों में विवेक, भावनाओं में मानवीयता, दृष्टि में व्यापकता तथा रचना के केन्द्र में मनुष्य के स्वाभिमान का स्वर पहचानने का आग्रह किया। कहना न होगा कि वे सारी बातें मनुष्य के जिस नैतिक एवं वैचारिक उत्कर्ष को मूल रूप में स्वीकारने की ओर संकेत करती हैं, काव्यात्मक प्रभाव की दृष्टि से विचार किया जाए, तो यह सहृदय पाठक की सह-अनुभूति को जानने में समर्थ होने के कारण रस की मध्यम कोटि की मर्यादा के भीतर समाहित हो जाएगी।

सन् '60 से लेकर आजतक जो कुछ लिखा गया है, वह निश्चय ही बहुस्तरीय और बहुआयामी है, किन्तु इसके लिए अभी तक 'नई कविता' और 'नया साहित्य' नाम ही प्रचलित है। पिछले दशक में नई कविता और नए साहित्य को केन्द्र में रखकर जो आलोचना की गई है, सामान्यतः उसे 'नई आलोचना' कहा गया है। 'नई आलोचना' के क्षेत्र में प्रगतिशील खेमे के वस्तुवादी विचारक और गैर-प्रगतिशील खेमे के भाववादी विचारक दोनों ही सक्रिय हैं। पिछली पीढ़ी के सौष्ठववादी समीक्षकों—आचार्य नन्ददुलारे वाजपेयी और डॉ० नगेन्द्र ने भी अपने ढंग से नई कविता की समीक्षा की है। समीक्षक चाहे जिस खेमे के हों, नई आलोचना की मूल विशेषता भाषिक संरचना के साक्ष्य पर काव्यात्मकता की परख को दोनों ने ही महत्त्व दिया है। दोनों में अन्तर यह है कि एक यह मानकर चलता है कि काव्य की परख के लिए मूल्य-दृष्टि का होना आवश्यक है और रचना का भाषिक विश्लेषण करते समय भी हमें यह देखना चाहिए कि भाषा के वे तत्त्व जिनके आधार पर काव्य का संरचनात्मक संघटन किया गया है, जीवन के यथार्थ बोध पर आद्धृत भाव-संवेदना से दीप्त हैं या नहीं? और दूसरा यह मानकर चलता है कि रचना का भाषिक विश्लेषण ही मुख्य है, उसे किसी जीवन-दृष्टि से जोड़कर देखने का दायित्व समीक्षक का नहीं है। कुछ भी हो, नई समीक्षा चाहे वह संरचनावादी हो, चाहे वैज्ञानिक, चाहे इन दोनों से अलग काव्यभाषा के रचनात्मक संघटन के विश्लेषण द्वारा रचना में निहित सौन्दर्य का विश्लेषण करनेवाली, उसने 'रचना' को ही काव्यात्मकता का केन्द्र मान लिया है। इस नई समीक्षा की प्रतिष्ठा के साथ भी परम्परागत काव्य-तत्त्वों की सार्थकता का प्रश्न बार-बार उठाया गया है। दिलचस्प बात यह है कि नए साहित्य और नई कविता के समानान्तर प्रतिष्ठित नई समीक्षा के उन्नायकों

नै हो नहीं, काव्यतत्त्व के शास्त्र-निष्ठ व्याख्याताओं, सौष्ठववादी समीक्षकों तथा शैली वैज्ञानिकों, सभी ने नए रचना-सन्दर्भ में परम्परागत काव्यतत्त्वों की प्रासंगिकता का प्रश्न उठाया है। आचार्य नन्ददुलारे वाजपेयी ने कहा है—"अज्ञेय तथा जगदीश गुप्त जैसे विचारशील लोगों ने काव्य की स्वीकृति-सरणि पर प्रश्नचिह्न लगाया है और काव्य में रस की स्थिति पर भी नए विचार प्रकट किए हैं, जो भारतीय साहित्यशास्त्र से समर्थित नहीं हैं। कतिपय समानधर्मा कवि और लेखकों के लिए ही काव्य को प्रेषणीयता अपेक्षित होती है तथा व्यापक सहानुभूति के स्थान पर केवल सहानुभूति, नए काव्य का उद्देश्य है। इन तथा इस प्रकार के अन्य वक्तव्यों ने काव्य के स्वरूप तथा लक्ष्य के सम्बन्ध में सन्देह उत्पन्न कर दिया है। इन्हीं मूल स्थापनाओं को अतिवादी सीमा तक पहुँचानेवाले नव्यतर लेखकों और समीक्षकों ने काव्य में रस की स्थिति ही अमान्य कर दी है।" (नई कविता, पृ० 44) जाहिर है कि आचार्य वाजपेयी 'रस' का सम्बन्ध प्रेषणीयता से जोड़ते हैं और उसके अभाव में 'रस' की स्थिति सन्दिग्ध होने पर उन्होंने चिन्ता प्रकट की है। डॉ० नगेन्द्र ने तो न केवल साहित्य में प्रचलित सभी वादों—आभिजात्यवाद, स्वच्छन्दतावाद, आदर्शवाद, यथार्थवाद, प्रगतिवाद, प्रतीकवाद, प्रभाववाद और अभिव्यंजनावाद को रस-सिद्धान्त की परिधि में समाविष्ट किया है, वरन 'नई कविता' के सन्दर्भ में भी उसकी प्रासंगिकता प्रमाणित की है। वे कहते हैं—"शास्त्र रूढ़ियों से मुक्त रस-सिद्धान्त अपने व्यापक एवं विकासशील रूप में काव्य का सार्वभौम सिद्धान्त है, जिसके आधार पर प्रत्येक देश और प्रत्येक काल के सर्जनात्मक साहित्य की प्रत्येक विधा का उचित मूल्यांकन किया जा सकता है। इसकी प्रकल्पना इतनी सर्वांगीण है कि मानव-चेतना की मूल वृत्ति—राग—को धुरी बनाकर यह अन्य सभी प्रमुख तत्त्वों को उचित रूप में स्वीकार कर चलता है।" (रस-सिद्धान्त, पृ० 359) नई कविता के सम्बन्ध में डॉ० नगेन्द्र का आग्रह और नए कवियों एवं समीक्षकों द्वारा उसका प्रत्याख्यान इतिहास की वस्तु बन चुका है। उन्हें 'रस' के 'रोमैंटिक प्रेमी' की संज्ञा देकर अलग कर दिया गया है, फिर भी रस की प्रासंगिकता का प्रश्न बना रहा है। नई कविता के समीक्षक डॉ० नामवर सिंह ने 'कविता के नए प्रतिमान' (1968) स्थापित करते हुए रस की प्रसंगानुकूलता पर विचार किया है और निर्णय किया है, "वस्तुतः संस्कृत काव्यशास्त्र में निरूपित 'रस-सिद्धान्त' के दो पक्ष हैं, जिनमें से एक का सम्बन्ध अर्थ-मीमांसा से है, तो दूसरे का सम्बन्ध तत्त्व-मीमांसा से। वैसे, एक तरह से उन दोनों पक्षों

को एक ही तत्त्व-मीमांसा की प्रणाली में बाँधने का प्रयास भी किया गया है, किन्तु अर्थ-मीमांसा की पद्धति बहुत कुछ सम्प्रदाय-निरपेक्ष व्याकरण-दर्शन से सम्बद्ध होने के कारण प्राचीन काल के समान ही आज भी रचनात्मक विकास की सम्भावनाओं से युक्त है। इसके विपरीत रस का आस्वाद पक्ष है, जो आनन्दमूलक तत्त्ववाद से सम्बद्ध होने के कारण एक निश्चित युग की संस्कृति से परिबद्ध है।" (कविता के नए प्रतिमान, पृ० 50) डॉ. नामवर सिंह ने समूचे रस-सिद्धान्त से मुँह चुराने को समीक्षकों का 'बचकानापन' कहा है और यह भी बताया है कि, "ध्वनि-सिद्धान्त में काव्यभाषा की सृजनात्मक सम्भावनाओं के लिए पथ-प्रशस्त करने की समर्थ दृष्टि है।" (वही, पृ० 52) श्री विजयदेवनारायण साही जैसे विदग्ध समीक्षक ने भी 'विचारों को उत्तेजित' करने के लिए रस-सिद्धान्त से उलझना आवश्यक माना है। काव्यतत्त्व के शास्त्रनिष्ठ व्याख्याताओं में शंकरदेव अवतरे ने रस के साम्प्रदायिक विकास की तीन कोटियाँ निर्धारित की हैं—1. रस व्यक्ति (प्रकरण या प्रबन्ध के अन्तर्गत धारारूढ़ रस); 2. रस ध्वनि (मुक्तक काव्य या किसी एक पथ में भाव-स्फुरण की स्थिति); 3. रस-संवित्ति (भावात्मक रमणवृत्ति)। उन्होंने प्रयोगवाद और नई कविता में 'रस-संवित्ति' की स्थिति स्वीकार की है। वे कहते हैं—"जिस प्रकार भाव-प्रेरणा को वस्तुमय कर देने की उत्कृष्ट कला के कारण संस्कृताचार्यों ने वस्तु-अलंकार की व्यंजना को रस-भावादि की व्यंजना के समकक्ष हो स्वीकार किया और दोनों को अविशेष भाव से उत्तम काव्य (ध्वनि) का उदाहरण माना था, उसी प्रकार और उसी आधार पर नई कविता में वस्तु को भाव-संवेद्य बना देने की कलात्मक क्षमता के कारण हम 'रस-संवित्ति' को रस-सिद्धान्त का प्रकृष्ट विकास ही मान सकते हैं।" (काव्यांग प्रक्रिया, 1977 ई०) जाहिर है कि अवतरे ने नई कविता में वस्तु को भाव संवेद्य बना देने की क्षमता से प्रभावित होकर रस-संवित्ति का सिद्धान्त प्रस्तुत किया है। आज के नए रचना-संसार को सामने रखकर परम्परागत काव्य-तत्त्वों की सार्थकता पर डॉ० राममूर्ति त्रिपाठी ने विस्तार से विचार किया है। उन्होंने मोहन राकेश के नाटक 'आधे-अधूरे' में चित्रित महेन्द्र और श्रीमती महेन्द्र की मन:स्थितियों को सामने रखकर उस पर टिप्पणी करते हुए कहा है—"महेन्द्र जिस 'मानसिक तनाव' को भोग रहा है, ग्राहक उसमें डूबना चाहता है—यह सहानुभूतिशील होकर विचारमग्न होता है। कहा जा सकता है कि यह मानसिक तनाव आज व्यक्तिगत नहीं, समाजगत होता जा रहा है—फलतः निर्वैयक्तिक स्तर पर सर्जनात्मक अनुभूति के रूप में चित्रित

यह मन:स्थिति यदि रसात्मक नहीं होती, तो ग्राहक पढ़ने के लिए क्यों प्रवृत्त होता।...मान लिया कि यहाँ नायक से न सही, कवि से तादात्म्य तो होता है—शुक्ला जी की दृष्टि से यह मध्यम रस दशा है और संस्कृत आचार्यों की दृष्टि से भाव-दशा। व्यापक रूप से 'भाव' भी रस ही है, कारण वह रस्यमान तो है ही।" (काव्यतत्त्व विमर्श, पृ० 81, 1980 ई०) इसी क्रम में डॉ० त्रिपाठी ने 'मुक्तिबोध' की निम्नलिखित कविता उद्धृत की है—

भर दो
इस त्वचा को मृतात्मा की, सूखी ठाठर में
यह घासपात कूड़ा-कबाड़ सब कुछ भर दो
लगा दो इन नकली कौड़ियों की आँखें
कानों में सीपियाँ,
पैरों में खपचियाँ
मेरी इस धमनीहीन हृदयहीन स्नायुहीन काया में
सभी कुछ भर दो
ताकि मैं इस स्निग्ध पयोमयी माता के निकट
अपनी चेतनाहीन पूँछ को एक स्थिति में उठा
उसके वात्सल्य को, हृदय को, आकर्षण को, चेतना को
सबको उभार दूँ
और तुम इस मुर्दे के उपजाए स्नेह को निचोड़ कर
जीवित रहो
जिन्दा रहो।

और कहा है—"इस रचना में उस शोषक नेता पर भयंकर आक्रोश और विवेक-संयत क्रोध है, जो निर्जीव और नकली माध्यमों से समाज की गाय को गुमराह करते हैं—उसके रगरेशों में प्रवाहित वात्सल्य को उभारते हैं और फिर उसका निर्मम पान करते हैं।" (काव्यतत्त्व विमर्श, पृ० 84) कहना न होगा कि यहाँ कवि ने निर्मम शोषकों के प्रति जिस क्रोध की व्यंजना की है, वह रसात्मक हैं। इसीलिए निष्कर्ष रूप में डॉ० त्रिपाठी कहते हैं—" इस प्रकार हिन्दी का नया रचना-संसार और उसके समानान्तर चलनेवाला काव्य-चिन्तन दोनों के साक्ष्य पर रसात्मक प्रतिमान की चिरन्तनता की सम्भावना दिखाई देती है।" (वही, पृ० 84) डॉ० त्रिपाठी ने नई समीक्षा के सन्दर्भ में भी परम्परागत काव्य-तत्त्वों की प्रासंगिकता प्रमाणित की है। नई समीक्षा

के उन्नायकों—एम्पसन, रैंसम, ब्रुक्स आदि द्वारा निरूपित काव्यभाषा की विशेषताओं का उल्लेख करने के बाद वे कहते हैं—"नई समीक्षा के पक्षधर उन्हीं बातों को अपने ढंग से उभार रहे थे, जिसे बहुत पहले 'उक्ति' को केन्द्र में रखकर भारतीय आचार्य कर चुके थे।" (वही, पृ० 153) परम्परागत अलंकार-चिन्तन सम्बन्धी चेतना का स्पन्दन वे आधुनिक शैली-विज्ञान में भी देखते हैं। उनके अनुसार शैली-विज्ञान का 'विचलन' सिद्धान्त वक्रोक्ति के अन्तर्गत और 'चयन' सिद्धान्त ध्वनि के अन्तर्गत समाहित किया जा सकता है।

आधुनिक काव्यभाषा चिन्तन की पद्धतियों से भलीभाँति परिचित और शैली-विज्ञान की दृष्टि से काव्य-कृतियों के समर्थ समीक्षक डॉ० रवीन्द्र श्रीवास्तव ने भी स्वीकार किया है कि, "भारतीय काव्यशास्त्र के विभिन्न सम्प्रदायों के प्रवर्तक शैली-विज्ञान की इस मान्यता से सहमत रहे हैं कि काव्यशास्त्र भाषा के सन्दर्भ में ही निरूपित हो सकता है, काव्य शब्दार्थ के मंजुल और विशिष्ट सम्बन्धों के आधार पर ही परिभाषित किया जा सकता है और काव्य-विश्लेषण के लिए व्याकरणिक (भाषिक) उपकरणों को ही मूलतः साधन रूप में ग्रहण करना उपेक्षित है।" (डॉ० नगेन्द्र अभिनन्दन ग्रन्थ, पृ० 522, 1975 ई०) वे भारतीय काव्यशास्त्र की मूल परम्परा को शैली-विज्ञान की ही भाँति चिन्तन में वस्तुवादी और दृष्टि में भाषावादी मानते हैं। उनके अनुसार परवर्ती रसवादियों ने यदि काव्यात्मकता के केन्द्रक (लोकस) को काव्यकृति से हटाकर 'सहृदय' में स्थापित न कर दिया होता, तो भारतीय 'वस्तुवादी' काव्यचिन्तन 'आत्मवादी' न होता। डॉ० रघुवंश ने तो बहुत स्पष्ट शब्दों में स्वीकार किया है—" संस्कृत काव्यशास्त्र के इस वस्तुनिष्ठ और रूपपरक दृष्टिकोण के हम निकट हैं, वह हमारी साहित्य-चिन्तन की परम्परित दृष्टि है। ...अतः काव्य के संरचनात्मक संगठन की रूपगत व्याख्या का आधुनिक आधार संस्कृत काव्यशास्त्र से सहज ही प्राप्त किया जा सकता है, उसमें इसकी पूरी सम्भावना निहित है।" (आलोचना, जुलाई-सितम्बर, 1969) इधर उन्होंने 'सांस्कृतिक नव्यालोचन' के नाम से समीक्षा की एक नवीन पद्धति के विकास की बात कही है, "जिसमें संरचना की दृष्टि के साथ रचना के अनुभव को व्यापक मानवीय मूल्य-सन्दर्भों से जोड़ने की प्रवृत्ति को महत्त्व दिया जा रहा है।" (हिन्दी-आलोचना का विकास, पृ० 317, 1979) यहाँ भी संरचना की दृष्टि को वरीयता देने के कारण परम्परागत काव्य-तत्त्व-चिन्तन का निषेध नहीं है।

इस प्रकार हम देखते हैं कि छायावादी और प्रगतिवादी काव्यान्दोलनों के उत्कर्षकाल में सामान्यतः और नई कविता एवं नए साहित्य की प्रतिष्ठा के साथ विशेषतः, परम्परागत काव्य-तत्त्वों की प्रासंगिकता का प्रश्न किसी-न-किसी रूप में बराबर उठता रहा है। पाश्चात्य देशों से प्रेरित आलोचना-पद्धतियों—'नई समीक्षा', 'शैली-विज्ञान', 'संरचनावाद'—के स्वीकार के साथ भी इन तत्त्वों की सार्थकता और प्रासंगिकता पर गम्भीरतापूर्वक विचार किया गया है। यह इस बात का प्रमाण है कि रचना-सन्दर्भ के परिवर्तन के साथ परम्परागत काव्य-तत्त्वों के पुनराख्यान, परिवर्तन और परिष्कार की प्रवृत्ति काव्य-चिन्तन के विकास की सहज प्रक्रिया है। जब कभी जीवन-सन्दर्भ के परिवर्तन के साथ रचना के स्वरूप और प्रकृति में परिवर्तन हुआ है और उसके मूल्यांकन का प्रश्न चुनौती के रूप में सामने आया है तो नवीन प्रतिमानों की तलाश बेचैनी से की गई है। इस क्रम में काव्यात्मक प्रभाव के आधार पर सौन्दर्य-विश्लेषण के कुछ नए सूत्र सामने आए हैं, किन्तु जब इन सूत्रों को संकलित करके पद्धति-विशेष ' का रूप देने की चेष्टा की गई है, तब परम्परागत काव्य-तत्त्वों से टकराना आवश्यक हो गया है। इस समय भी समकालीन कविता का जो स्फुट मूल्यांकन पत्र-पत्रिकाओं में किया जा रहा है या पुस्तक रूप में 'समकालीन कविता का व्याकरण' या 'नई कविता का तर्कशास्त्र' लिखा जा रहा है, उस पर ध्यान दिया जाए तो मूल्यांकन का आधार मुख्यतः भाषिक विश्लेषण या काव्यात्मक प्रभाव ही है। कविताओं की संरचना का विवेचन करते हुए कवि के मिजाज की पहचान, उसकी केन्द्रीय चिन्ता की खोज, जीवन की असलियत की तलाश, या कवि के काव्य-संसार की परख, या उसके द्वारा चित्रित सामाजिक विकृतियों और नैतिक अवमूल्यन के भयावह चित्रों की ओर ध्यान आकृष्ट करना, या कवि के आत्मविश्वास के स्वर को पहचानना, या कवि के चित्त में व्याप्त शंका, भय, अतृप्ति, उदासी को समझने की चेष्टा करना या समकालीन कविता के यथार्थ को गहराई में जाकर पहचानने के क्रम में काव्य-प्रयुक्त शब्दों की अर्थ-छायाओं के सहारे असहमति, आक्रोश, विरोध, विद्रोह की मुद्राओं को अलग-अलग उजागर करना या कविता के संरचनात्मक ढाँचे में निहित विपक्षधर्मी प्रतिबद्धता को पहचानना अन्ततः क्या है? शब्द और अर्थ के जटिल सम्बन्धों की पहचान और उसके सूत्र को पकड़कर समकालीन जीवन के यथार्थ की छानबीन को क्या कहा जाएगा ? क्या व्याकरण-दर्शन से प्रेरित ध्वनि और वक्रोक्तिवादी काव्य-चिन्तन की दिशा भी ठीक यही नहीं है। शब्दशक्तियों के सहारे अर्थ-

छायाओं को ही तो पहचाना गया था और अर्थ छायाएँ जीवन के अनुभव-वैविध्य एवं सन्दर्भ-भेद के कारण ही तो अलग-अलग सौन्दर्य-छवियों की पहचान कराती हैं। हाँ, यह आशय है कि परम्परागत काव्य-चिन्तन स्थिर चित्त की व्यवस्थित तर्क-प्रणाली के आधार पर निर्णीत तथ्यों पर आद्धृत है, किन्तु आज का समीक्षक अपेक्षाकृत अव्यवस्थित है। वह जल्दी में है। इसलिए वह समीक्षा-पद्धति को व्यवस्थित करने की चिन्ता नहीं करता। आज की समाजशास्त्रीय समीक्षा भी परम्परागत काव्य-चिन्तन की सही पहचान करने पर उसका विरोध नहीं कर सकती। समाजशास्त्रीय समीक्षा इन्द्रियबोध पर आद्धृत वैयक्तिक मनोभावों का विश्लेषण उनकी समाज-सापेक्षता में करना चाहती है। मनुष्य का व्यवहार मनोभाव प्रेरित होता है। मनोभावों का सामाजिक महत्त्व है, क्योंकि वे मनुष्य के शील और व्यवहार के नियामक हैं। इस दृष्टि से व्यक्ति की मनोभूमि का मूल्यांकन रस-पद्धति की समीक्षा की सीमा में समाहित हो सकता है। समाजशास्त्रीय समीक्षा संरचनावादी तथा भाषा-मीमांसा केन्द्रित नई समीक्षा का भी विरोध नहीं करती, बशर्ते समीक्षक काव्य-संरचना का विश्लेषण करते हुए संरचनात्मक संघटन के अंग के रूप में समाहित युग-जीवन और ऐतिहासिक परिवेश की ठीक-ठीक व्याख्या कर सके। तात्पर्य यह कि वर्तमान समीक्षा की स्वीकृत पद्धतियाँ व कभी अपने बचकानेपन से ऊपर उठकर एक व्यवस्थित एवं तर्कपुष्ट पद्धति के रूप में प्रतिष्ठित होना चाहेंगी तो उन्हें परम्परागत काव्य-शास्त्रों से उसी प्रकार शक्ति और प्रेरणा लेनी पड़ेगी, जिस प्रकार समसामयिक जीवन की सार्थकता की तलाश करनेवाले सच्चे रचनाकार को सांस्कृतिक स्तर पर अपनी ऐतिहासिक परम्परा से प्रेरणा और शक्ति लेनी पड़ती है।

ऐतिहासिक आलोचना की प्रासंगिकता

उन्नीसवीं शती के प्रसिद्ध फ्रान्सीसी इतिहास लेखक हिप्पोलाइत तेन (Hippolyte Taine 1823-1893) ने भौतिक विज्ञान के प्रभाव में आकर साहित्य के इतिहास का विधेयवादी दर्शन प्रस्तुत किया था। उसने स्थापित किया था कि, "साहित्य का विकास तीन तत्त्वों—जाति, वातावरण तथा क्षण अथवा युग-विशेष की ऐतिहासिक परिस्थितियों के वशीभूत होता है।"[1] तात्पर्य यह कि किसी भी जाति का साहित्य उस जाति की मानसिकता के अनुसार विकसित और परिवर्तित होता है तथा युग की ऐतिहासिक परिस्थितियाँ उसकी विकास-दिशा का निर्धारण करती है। आगे चलकर तेन की इस स्थापना का विरोध हुआ और साहित्य के इतिहास-दर्शन के सम्बन्ध में अनेक मत सामने आए। विलियम जॉन कोर्ट होप (William John Court Hope 1842-1917) ने काव्य के विकास-क्रम में राष्ट्रीय जीवन के विकास का प्रतिबिम्ब देखा और उनके अनेक अनुयायियों ने साहित्य को राष्ट्रीय या सामाजिक इतिहास के लिए प्रामाणिक दस्तावेज माना, दूसरी ओर डब्ल्यू०पी० केर ने तर्क दिया कि साहित्य की वस्तुएँ सदा वर्तमान रहती हैं, इसलिए उनका कोई इतिहास नहीं होता। इसी क्रम में टी०एस० ईलियट ने कहा कि समूचे यूरोप का साहित्य—होमर से लेकर आज, तक—समकालिक (साइमल्टेनियस) अस्तित्व रखता है। इसलिए साहित्य कृति की विगतता का कोई अर्थ नहीं होता।[2] कुछ विचारकों ने जैविकीय विकास सिद्धान्त के आधार पर साहित्य के विकास को समझाने का प्रयत्न किया। उन्होंने यह तर्क दिया कि जिस प्रकार प्राणी उत्पन्न होते हैं, यौवन प्राप्त करते हैं और अन्तत: अपने से अधिक जटिल एवं सूक्ष्म प्राणि-परम्परा को जन्म देकर समाप्त हो जाते हैं, वैसे ही साहित्य-रूप भी अपने उद्‌भव के बाद विकास की एक चरम सीमा पर जाकर समाप्त हो जाते हैं। मार्क्सवादी विचारक साहित्य के विकास की व्याख्या ऐतिहासिक भौतिकवादी दर्शन के

---

1. हिन्दी साहित्य का इतिहास दर्शन, शिवकुमार, पृ० 72 पर उद्धृत
2. रेने वेलेक आस्टिन वारेन, थियरी ऑफ लिटरेचर, हिन्दी सं०, पृ० 337 पर उद्धृत

आधार पर करते हैं। वे साहित्य के विकास को समाज की गत्यात्मकता से जुड़ा हुआ मानते हैं। उनके अनुसार साहित्य में मानवीय सम्बन्धों की अभिव्यक्ति—चाहे यह सम्बन्ध कितने ही जटिल और यह अभिव्यक्ति कितनी ही सूक्ष्म और सांकेतिक क्यों न हो—अनिवार्य है। मानवीय सम्बन्धों की व्याख्या सामाजिक यथार्थ के आलोक में ही की जा सकती है। साहित्यिक कृतियाँ वर्ग-संघर्षयुक्त समाज में रहने वाले व्यक्तियों द्वारा ही रची जाती हैं। इसलिए उनकी व्याख्या सामाजिक-ऐतिहासिक सन्दर्भ में होनी ही चाहिए।

साहित्य के इतिहास से सम्बन्धित उपर्युक्त मतों के विवेचन से साहित्य के सम्बन्ध में मुख्यत: दो प्रकार के सिद्धान्त सामने आते हैं। एक वे जो किसी-न- किसी रूप में साहित्य के इतिहास की सत्ता स्वीकारते हैं, दूसरे वे जो उसके इतिहास की सत्ता को स्वीकार नहीं करते। जो साहित्य के इतिहास की सत्ता नहीं स्वीकारते, वे वर्तमान और समकालिकता में ही विगत को अन्तर्भुक्त और पुनस्सृजित मानते हैं। वे साहित्य की शाश्वतता को महत्त्व देते हैं। इन दोनों के बीच में तीसरा मत परिप्रेक्ष्यवादियों का है, जो यह मानते हैं कि, "कोई भी कलाकृति 'शाश्वत' तो होती ही है (अर्थात् उसका अपना एक निजी रंग तो होता ही है)। साथ ही वह 'ऐतिहासिक' भी होती है। अर्थात् वह विकास के 1 एक ऐसे क्रम से गुजरती है, जिसका ठीक-ठीक पता लगाया जा सकता है।"[1]

साहित्य के सन्दर्भ में इतिहास और आलोचना के सम्बन्धों का प्रश्न भी अत्यन्त जटिल है। सामान्यत: यह माना जाता है कि इतिहास का कार्य साहित्य की वस्तु और रूप में उद्‌भव-स्रोतों का पता लगाना और दोनों के कारणकार्य सम्बन्ध की व्याख्या करना है, जबकि आलोचना का कार्य कृतियों की श्रेष्ठता और मूल्यवत्ता का आकलन करना है। दोनों में यह भेद स्वीकार करते हुए भी यह निर्विवाद है कि इन दोनों में गहरा सम्बन्ध है। आलोचना और इतिहास हो नहीं, साहित्य सिद्धान्त और इतिहास भी अपनी पूर्णता के लिए एक-दूसरे की अपेक्षा रखते हैं। रेने वेलेक ने लिखा है कि बिना आलोचना और इतिहास के साहित्य-सिद्धान्त की या बिना साहित्य-सिद्धान्त और आलोचना के इतिहास की या बिना इतिहास और साहित्य-सिद्धान्त के आलोचना की कल्पना ही नहीं की जा सकती।[2] हिन्दी के श्रेष्ठ इतिहास-लेखक आचार्य रामचन्द्र शुक्ल अपने समय के श्रेष्ठ आलोचक भी हैं। उनके

1. रेने वेलेक, थियरी ऑफ लिटरेचर, हिन्दी सं०,पृ० 57
2. वही, पृ० 52

बाद भी जिन लोगों ने हिन्दी साहित्य का इतिहास लिखा है, उनमें तथ्यों के अनुसन्धान के साथ ही कृतियों के मूल्यांकन की दृष्टि भी है। डॉ० रामकुमार वर्मा ने तो अपने इतिहास का नाम ही 'हिन्दी साहित्य का आलोचनात्मक इतिहास' रखा है। उनके बाद आचार्य हजारीप्रसाद द्विवेदी, शिवदान सिंह चौहान, डॉ० नगेन्द्र, पं० विश्वनाथप्रसाद मिश्र, डॉ० लक्ष्मीसागर वार्ष्णेय, डॉ० रामखेलावन पांडेय, डॉ० शम्भूनाथ सिंह, डॉ० बच्चन सिंह आदि जिन विद्वानों ने साहित्य का इतिहास लिखा है, वे सभी मान्य समीक्षक भी हैं। वस्तुतः प्रत्येक इतिहास-लेखक सामग्री के संचयन में ही अपनी मूल्य-दृष्टि का भी परिचय दे देता है। किसी भी युग के अनेक रचनाकारों में से जब वह कुछ को चुनता है और उनमें भी कुछ को अधिक महत्त्व देता है, तब निश्चित रूप से वह उनके सापेक्षिक वैशिष्ट्य के प्रति सर्तक रहता है। युग-विशेष का नामकरण और प्रवृत्ति-विश्लेषण करते हुए तो वह निश्चित रूप से आलोचक का ही दायित्व निभाता है। यह कहना कि आलोचक का कार्य कृति के शुद्ध कलात्मक या रूपात्मक पक्ष के विश्लेषण तक ही सीमित होता है, जब कि इतिहासकार का कार्य उसके मूल रचना-स्रोतों का अनुसन्धान एवं समाज पर उसके प्रभाव का तटस्थ विश्लेषण होता है, एक सीमा तक ही मान्य हो सकता है। ऐतिहासिक एवं मार्क्सवादी दोनों ही आलोचना-पद्धतियाँ इसे स्वीकार नहीं करतीं। ऐतिहासिक आलोचना और साहित्येतिहास में तो विभाजक रेखा खींची ही नहीं जा सकती।

ऐतिहासिक आलोचना की परिधि अब विस्तृत हो गई है। पहले यह समझा जाता था कि रचना-विशेष का मूल्यांकन उसके ऐतिहासिक, सामाजिक परिवेश में करनेवाली आलोचना ही ऐतिहासिक आलोचना है। नई समीक्षा की प्रतिष्ठा के बाद उपर्युक्त धारणा में परिवर्तन हुआ है। नई समीक्षा रचना की पूर्ण स्वायत्तता स्वीकार करते हुए रचना के बाहर के जगत से उसके सम्बन्ध का निषेध करती है। वह रचना में रचयिता के व्यक्तित्व का भी निषेध करती है। वह रचना के भाषिक विश्लेषण को ही सब-कुछ मानकर चलती है। उसके अनुसार—काव्य का सत्य संवादिता का सत्य नहीं, वरन रूपात्मक समन्विति का ही सत्य है।[1] ऐसा मान लेने पर ऐतिहासिक और मार्क्सवादी आलोचना पद्धतियाँ ही नहीं, व्यक्ति को केन्द्र में रखकर चलनेवाली मनोवैज्ञानिक और स्वच्छन्दतावादी पद्धतियाँ भी अप्रासंगिक

1. Poetry is the truth of coherence rather than the truth of correspondence—Cleanth Brooks—नई समीक्षा : नए सन्दर्भ, पृ० 9 पर उद्धृत

हो जाती हैं। नई समीक्षा ने जिन आलोचना-पद्धतियों ई को काव्य-कृति के बाहर के जगत—अर्थात् कर्ता, उसका परिवेश और समाज के साथ सम्बन्ध स्वीकार करने के कारण अस्वीकार कर दिया है, अब उन सभी को ऐतिहासिक आलोचना की परिधि में स्थान दिया जाने लगा है। तात्पर्य यह कि अब समीक्षा की दो ही मुख्य पद्धतियाँ मान्य हैं। एक वह जो कृति को सर्वथा स्वतन्त्र या स्वायत्त मानकर चलती है। इसे नई समीक्षा कहा जाता है। दूसरी वह है, जो कृति को कर्ता और उसके युग एवं परिवेश से प्रभावित मानकर चलती है। इसे ऐतिहासिक समीक्षा-पद्धति कहा जाता है। इस सन्दर्भ में डॉ० नगेन्द्र का निम्नलिखित निष्कर्ष ध्यान देने योग्य है—" वर्तमान युग में जब काव्य-दृष्टि में परिवर्तन हुआ और यह घोषणा की गई कि काव्य का सत्य संवादिता का सत्य नहीं, वरन समन्विति का ही सत्य है, तो ऐतिहासिक आलोचना का परिधि-विस्तार हो गया और ऐसे सभी समीक्षा सम्प्रदाय जो काव्यकृति का बाहर के जगत— कवि के व्यक्तित्व तथा परिवेश के साथ संवाद मानते हैं, ऐतिहासिक आलोचना के अन्तर्गत परिगणित होने लगे।"[1]

मूल प्रश्न यह है कि क्या रचना रचयिता के व्यक्तित्व और उसके परिवेश से पूर्णतः स्वतन्त्र और स्वायत्त हो सकती है? नए समीक्षकों का कहना है कि रचयिता की अनुभूति कृति में रूपान्तरित होने पर भाषिक संरचना बन जाती है। रचनाकार का वैयक्तिक अनुभव कृति में प्रत्यक्ष रूपायित या बिम्बित नहीं होता, वह भाषा की आन्तरिक संगति में ढल जाता है। इसलिए रचना के मूल्यांकन में नैतिक, समाजशास्त्रीय और जीवनवृत्तान्तीय दृष्टियाँ पूर्णतः अप्रासंगिक हैं। वस्तुतः प्रत्येक कृति अपने में पूर्ण इकाई है। उसकी भाषिक संरचना के विश्लेषण पर, उसकी अर्थ-मीमांसा पर, उसके आन्तरिक संघटन के विवेचन पर ही ध्यान केन्द्रित करना चाहिए।[2]

आधुनिक शैली-विज्ञान भी काव्य-कृति और कथ्य और अभिव्यक्ति की समन्वित इकाई के रूप में स्वीकार करता है और "आलोचनात्मक धरातल पर अपना केन्द्रक (Locus) काव्यकृति और काव्यात्मकता को स्वीकार करता है।''[3] सैद्धान्तिक स्तर पर यह बात बिना किसी हिचक के स्वीकार

1. नई समीक्षा : नए सन्दर्भ, डॉ० नगेन्द्र, पृ० 10
2. But; infact, every Literary piece is a unit which deserves exclusive attention. Its organization, its structure, its texture, in short, its total meaning is what really matters. That alone is relevant to proper appreciation.—Literary Criticism, R. Dwivedi; V. Rai, p. 435
3. काव्य संसार और शैली-विज्ञान, रवीन्द्रनाथ श्रीवास्तव, आलोचना, 41

की जा सकती है कि काव्यकृति भाषिक संरचना है, इसलिए रचयिता का अनुभूत सत्य काव्य में भाषिक मूर्तधार में बँधने को नियति से जुड़ा है, किन्तु ध्यान देने की बात यह है कि अनुभूत सत्य या काव्य-कथ्य और अभिव्यक्ति या काव्यरूप की यह अद्वैतता काव्य-रचना की एक आदर्श स्थिति है। आख्यानक कविताओं, नाट्य-कृतियों तथा उपन्यास आदि में कथ्य और रूप की अद्वैतता सन्दिग्ध है। छोटी कविताओं में जो यह स्थिति सर्वत्र सम्भव नहीं है। रचयिता से उसको रचना को सर्वथा अलग कैसे किया जा सकता है? 'शेखर : एक जीवनी' की भूमिका में 'अज्ञेय' ने लिखा है—"अन्ततोगत्वा सभी गल्प साहित्य आत्म-कथा मूलक है, अपने ही जीवन का चित्रण नहीं तो प्रक्षेपण (Projection) है, अपने स्यात की कहानी है। 'शेखर' में मेरापन कुछ अधिक है, ईलियट का आदर्श (जिसकी महानता में मानता हूँ) मुझसे नहीं निभ सका है।"[1] यह स्थिति 'निराला' और 'मुक्तिबोध' जैसे कवियों की रचनाओं में भी लक्षित होती है। 'राम की शक्ति पूजा' में क्या राम के व्यक्तित्व में 'निराला' के जीवन का प्रक्षेपण नही हुआ है? 'मुक्तिबोध' की लम्बी कविता—'अँधेरे में' के काव्य-नायक—आत्मनिर्वासित गुहावासी व्यक्ति—के द्वन्द्व में क्या 'मुक्तिबोध' के जीवन-संघर्ष की झलक नहीं मिलती है? रचना को रचयिता और उसके परिवेश से सर्वथा काटकर कैसे देखा जा सकता है? अर्थमीमांसा के द्वारा काव्य के संवेद्य-तत्त्व तक पहुँचने की प्रक्रिया में हम जब शब्दों का काव्य के आभ्यन्तर सन्दर्भ को ध्यान में रखकर विशेष अर्थ निर्धारित करते हैं, तब उन शब्दों का बाह्यार्थ (Extrinsic meaning) पूर्णतः तिरोहित नहीं हो जाता, वह उस समय भी हमारी चेतना में झिलमिलाता रहता है और कभी-कभी तो काव्य के चारुत्व की समृद्धि में सहायक भी होता है। 'निराला' की 'राम की शक्ति पूजा की निम्नलिखित-पंक्तियों पर ध्यान दीजिए—

क्रम-क्रम से हुए पार राघव के पंच दिवस,
चक्र से चक्र मन चढ़ता गया ऊर्ध्व निरलस,
× × ×
चढ़ षष्ठ दिवस 'आज्ञा' पर हुआ समाहित मन,
प्रतिजप से खिंच-खिंच होने लगा महाकर्षण
संचित त्रिकुटी पर ध्यान द्विदल देवी पद पर,

---

1. शेखर : एक जीवनी, पहला भाग, भूमिका, पृ० 10

उपर्युक्त पंक्तियों की अर्थ-मीमांसा करते समय यदि हम योग की शब्दावली से परिचित नहीं हैं, तो काव्य की आभ्यन्तर आलोचना (Intrinsic criticism) भी नहीं कर सकते। 'चक्र से चक्र मन चढ़ता गया' का अर्थ क्रमशः मूलाधार, स्वाधिष्ठान, मणिपूर, अनाहत और विशुद्ध चक्र तक मन की ऊर्ध्व यात्रा ही है। यह यात्रा क्रमशः एक-एक दिन में एक-एक चक्र को पार करने से पाँच दिन में पूरी हुई है। छठे दिन 'आज्ञा' चक्र पर मन का समाहित होना योग-साधना- पद्धति के सर्वथा अनुकूल है, क्योंकि 'आज्ञा-चक्र' छठा चक्र है, जिसकी स्थिति भ्रूमध्य में मानी जाती है। भ्रूमध्य में ही त्रिकुटी की स्थिति है। चक्रों का आकार कमल पुष्पवत माना गया है। त्रिकुटीस्थित आज्ञा चक्र दो कमल दलों का माना जाता है। 'निराला' ने द्विदल को देवी के युगल चरण के रूप में कल्पित कर एक नया आभ्यन्तर अर्थ प्रदान किया है। आज्ञा-चक्र को पार करने में राम को दो दिन लग गए। आठवें दिन वे ब्रह्मा, विष्णु और शंकर के स्तर का अतिक्रमण कर जाते हैं। 'निराला' का यह कथन भी योग-साधना-सम्मत है। योग-साधना के अनुसार अनाहत चक्र में ब्रह्मा, विशुद्ध में विष्णु और आज्ञा में रुद्रग्रन्थि होती है। मन का आज्ञा चक्र से ऊपर चढ़ना इन तीनों के स्तरों का अतिक्रमण करना है। वस्तुतः ब्रह्मा में रजोगुण, विष्णु में सत्त्वगुण और रुद्र में तमोगुण की प्रधानता मानी जाती है। इन तीनों का अतिक्रमण माया के सारे बन्धनों का अतिक्रमण है। तात्पर्य यह कि योग-पद्धति के ज्ञान के बिना 'निराला' की उपर्युक्त पंक्तियों की अर्थ-मीमांसा नहीं की जा सकती। मध्यकालीन हिन्दी-कविता से ऐसे अनेक उदाहरण दिए जा सकते हैं, जहाँ काव्येतर संसार का ज्ञान काव्य-मर्म को समझने में बाधक नहीं साधक है।

नई समीक्षा में मनोविश्लेषण को महत्त्व देनेवाली समीक्षा को भी अप्रासंगिक करार दिया है। इसमें सन्देह नहीं कि समग्र काव्यसौन्दर्य को मनोवैश्लेषिक पद्धति पर निरूपित नहीं किया जा सकता, किन्तु मिथकों, बिम्बों और प्रतीकों की व्याख्या में मनोविश्लेषण का सहारा लिए बिना काम नहीं चल, सकता। जब काव्य का सम्बन्ध रचनाकार के सामूहिक अवचेतन से स्वीकार किया जाता है, तो काव्य की व्याख्या में मनोविश्लेषण-पद्धति को पूर्णतः तिरस्कृत कैसे किया जा सकता है? उपन्यासों और कहानियों में भी पात्रों के असामान्य आचरण की व्याख्या में मनोविश्लेषण का आधार लेना संगत होगा। वास्तविकता यह है कि नई समीक्षा का उदय बीसवीं शती के तीसरे दशक में प्रतिष्ठित सिद्धान्तों की प्रतिक्रिया में हुआ है। नई समीक्षा से

पूर्व प्रचलित सभी समीक्षा-पद्धतियाँ काव्यकृति के गम्भीर और गहन अध्ययन एवं सूक्ष्म विश्लेषण से हटकर रचयिता के युग, उसके जीवनवृत्त और उसके मनोविज्ञान के अध्ययन पर बल देती थीं तथा कृति में व्यक्ति और समाज को सीधे-सीधे प्रतिबिम्बित मानकर सामाजिक उपयोगिता के आधार पर काव्य की श्रेष्ठता घोषित करती थी, या अधिक-से-अधिक रचना के प्रभाव को महत्त्व देकर बिना किसी तर्क का आधार लिए रचना के महत्त्व का प्रतिपादन करती थीं। इन सबकी प्रतिक्रिया में नए समीक्षकों ने रचना की पूर्ण स्वायत्तता घोषित की और उसके मर्म की व्याख्या के लिए भाषिक-विश्लेषण पर बल दिया। इससे एक अच्छी बात यह हुई कि समीक्षकों को कृति के भीतर गहराई में प्रवेश करने और उसके रूप-पक्ष का गम्भीर विवेचन करने के लिए विवश होना पड़ा, लेकिन प्रतिक्रिया की झोंक में काव्यकृति के बाहर के संसार को कृति के मूल्यांकन के सन्दर्भ में सर्वथा अप्रासंगिक घोषित करके नए समीक्षकों ने एक ऐसी मान्यता को प्रतिष्ठित किया, जो सिद्धान्त रूप में स्वीकार्य होते हुए भी व्यवहार में सम्भव नहीं है। वस्तुतः जैसा कि श्री नेमिचन्द्र जैन ने कहा है—हमारे सूक्ष्म संवेदन, मानसिक प्रतिक्रियाएँ, न केवल बाह्य जगत से सम्पर्क के फलस्वरूप उत्पन्न होती हैं, बल्कि वे उस अनुभूतिशील संवेदनशील 'स्व' का निर्माण भी बहुत अंश तक करती हैं, जिसमें वे प्रतिक्रियाएँ होती हैं। बाह्य जगत के साथ क्रमशः बढ़ते जानेवाले घात-प्रतिघात से ही व्यक्ति की चेतना का निर्माण होता है और इस निर्मिति, में व्यक्तित्व और बाह्य के अंश अविभाज्य रूप में मिले रहते हैं।[1] ऐसी स्थिति में व्यक्ति द्वारा रचित काव्यकृति में निहित आभ्यन्तर संसार को उसके बाहर के संसार से सर्वथा असम्पृक्त और पूर्ण स्वायत्त नहीं माना जा सकता। इसलिए ऐतिहासिक समीक्षा को भी—अर्थात् कृति को रचनाकार और उसके परिवेश के सन्दर्भ में रखकर देखनेवाली समीक्षा-दृष्टि को भी पूर्णतः अप्रासंगिक नहीं माना जा सकता।

---

1. बदलते परिप्रेक्ष्य, नेमिचन्द्र जैन, पृ० 52

नई समीक्षा : शक्ति और सीमाएँ

नई समीक्षा अब अपना निश्चित इतिहास बना चुकी है। हिन्दी साहित्य में भी पिछले दो दशकों में नए काव्य-सृजन के समानान्तर जो समीक्षा-पद्धति विकसित हुई है, वह आंग्ल अमेरिकी साहित्य में प्रतिष्ठित नए समीक्षा से बहुत, कुछ प्रेरित और प्रभावित है। इसलिए अब यह सर्वथा उचित है कि नई समीक्षा की सार्थकता को रेखांकित किया जाए और उसकी सीमाओं को भी सही ढंग से पहचानने की कोशिश की जाए।

यह समझा जाता है कि 'नई समीक्षा' शब्द का प्रयोग सबसे पहले कोलम्बिया विश्वविद्यालय के तुलनात्मक साहित्य के प्रोफेसर स्पिनगार्न ने 1910 ई० में अपने एक लेख में किया था। स्पिनगार्न ने नए समीक्षकों से यह अपेक्षा की थी कि वे समीक्ष्य विषय पर ही अपना ध्यान केन्द्रित रखें, क्योंकि ऐतिहासिक-सामाजिक सन्दर्भों से रचना का सीधा सम्बन्ध नहीं होता। आगे 'चलकर टी०एस० ईलियट की 'द सेक्रेड वुड' (1920 ई०), मिडलटन मरे की 'द प्राब्लम ऑफ स्टाइल' (1922 ई०) और आई०ए० रिचर्ड्स की 'प्रिन्सिपल्स ऑफ लिटरेरी क्रिटिसिज़्म' (1924 ई०) जैसी समीक्षा-कृतियों में नई समीक्षा के आधारतत्त्वों का विकास हुआ। 1936 ई० में एफ०आर० लीविस ने 'रीवैल्यूएशन्स' नामक अपनी समीक्षा-पुस्तक प्रस्तुत करते हुए स्पष्ट किया कि उसने परम्परा से हटकर, नई पद्धति को स्वीकार किया है। सन् 1941 ई० में जॉन क्रो रेन्सम की 'नई आलोचना' नामक पुस्तक प्रकाशित हुई। यहाँ से 'नई समीक्षा' को प्रतिष्ठा प्राप्त हुई। रेन्सम के अतिरिक्त एलेन टेट, आर०पी० ब्लैकमर, क्लीन्थ ब्रुक्स, केनेथ बर्क, विलियम के० विमसाट आदि समीक्षकों ने नई समीक्षा को विकसित और पुष्ट किया। नई समीक्षा की मूल प्रतिज्ञा यह है कि साहित्यिक कृति अपने में पूर्ण संरचना है। इसलिए नए समीक्षक को अपना ध्यान रचनाकार के व्यक्तित्व और युग-सन्दर्भ से हटाकर कृति पर ही केन्द्रित 'रखना चाहिए। [New critics seek to concentrate attention on the literary opus as autonomous work of art, rather than on its authors personality or the age in which it was written.][1]

इस मूल प्रतिज्ञा की पुष्टि में जो आधारभूत सिद्धान्त-सूत्र विकसित हुए हैं, वे निम्नलिखित हैं—

1. काव्य को स्वतः पूर्ण संरचना मानने के कारण नई समीक्षा ऐतिहासिक, समाजशास्त्रीय, मार्क्सवादी, मनोविश्लेषणवादी और दार्शनिक समीक्षाओं को महत्त्व नहीं देती।
2. नई समीक्षा रचना की आन्तरिक संगति के विश्लेषण पर बल देती है।
3. नई समीक्षा के अनुसार काव्य भाषिक सर्जना मात्र है। इसलिए भाषा के सर्जनात्मक तत्त्वों का विश्लेषण ही समीक्षा का मुख्य धर्म है।
4. नई समीक्षा सम्प्रेषण या आस्वाद के प्रश्न को महत्त्व नहीं देती। वह कृति के मूल्यांकन में भी विश्वास नहीं करती। वह कृति के घनिष्ठ पाठ पर ही सर्वाधिक बल देती है।

क्लीन्थ ब्रुक्स ने नई समीक्षा दृष्टि को स्पष्ट करते हुए कहा है—"यह बात एकदम सही है कि आधुनिक आलोचकों की वृत्ति फिर से कृति के पाठ पर ध्यान केन्द्रित करने की ओर हो गई है, यानी कविता को कविता की तरह देखना न कि उसे कवि की जीवनगाथा के परिशिष्ट के रूप में, या उसके अध्ययन के प्रतिबिम्ब के रूप में, या विचारों के इतिहास के उदाहरण के रूप में। इस बात पर बल देने का अर्थ स्वभावतः कृति के घनिष्ठ पाठ पर जोर देना होता है। चूँकि कविताएँ शब्दों में लिखी जाती हैं, इसलिए सावधानी से भाषा पर ध्यान देने पर ही इसका बल रहता है।"

काव्य को मूलतः भाषिक संरचना मानने और काव्यभाषा के सर्जनात्मक स्वरूप के विश्लेषण की समीक्षा का मूल मुद्दा मानने का परिणाम यह हुआ कि समीक्षकों का ध्यान भाषागत उस वैशिष्ट्य के अनुसन्धान पर केन्द्रित हो गया, जो काव्य को कलात्मक पूर्णता प्रदान करता है। ब्रुक्स के अनुसार इस भाषागत वैशिष्ट्य को विसंगति (पैराडाक्स) और विडम्बना (आइरनी) कहा जा सकता है। एलेन टेट इसे 'तनाव' के रूप में निर्दिष्ट करता है और रेन्सम के अनुसार यह टेक्स्चर और स्ट्रक्चर के द्वन्द्व से उत्पन्न तनाव है।

1. The Reader's Encyclopedia of American Literature, p. 789.

ब्लैकमर ने काव्यभाषा के इस वैशिष्ट्य को 'जेश्चर' (सांकेतिकता) बताया है। मतभेद के बावजूद ये सभी समीक्षक इस बात से सहमत हैं कि शब्द-रचना का आन्तरिक संगति (इंटरनल कान्सिस्टेंसी) ही काव्य है। काव्य को भाषिक संरचना माननेवाला एक अन्य समीक्षा-सम्प्रदाय शैली-विज्ञानियों का भी है। शैली-विज्ञान काव्य-शास्त्र और भाषा-विज्ञान की संकरता का परिणाम है। अपनी स्थापनाओं में यह नई समीक्षा की मान्यताओं के अत्यन्त निकट है। फिर भी नई समीक्षा और शैली-विज्ञान में अन्तर किया जा सकता है। नए समीक्षकों ने काव्यभाषा-सम्बन्धी जिन विशेषताओं को लक्षित किया है, वे उनकी काव्य-सौन्दर्य-अन्वेषिणी अन्तर्दृष्टि का परिणाम हैं। उनके पीछे कोई भाषाशास्त्रीय दृष्टि नहीं है, जबकि शैली-विज्ञान के निर्णय निश्चित वैज्ञानिक तर्क पर आद्धृत हैं।

नई समीक्षा की सीमाओं का बोध स्वयं अमेरिकी समीक्षकों को बहुत शीघ्र ही हो गया। 1952 ई० तक आते-आते शिकागो स्कूल के आलोचकों ने आर०एम० क्रेन के नेतृत्व में नए समीक्षकों का विरोध किया। उन्होंने प्रमाणित किया कि नई समीक्षा की मान्यताओं के आधार पर छोटी कविताओं का विश्लेषण भले कर लिया जाए, किन्तु प्रबन्ध-रचनाओं, नाटकों और कथा-कृतियों की समीक्षा के लिए यह दृष्टि उपयोगी नहीं है। इसके अतिरिक्त वस्तुपरक विश्लेषण दृष्टि अपनाने के प्रयत्न में यदि आलोचना गणित और विज्ञान बन जाती है, तो इसे कैसे स्वीकार किया जा सकता है। आलोचना मानविकी का ही एक विषय है। वैज्ञानिक बनाने के प्रयत्न में यदि इसे इसकी मूल प्रकृति से ही अलग कर दिया गया तो वह कैसे मान्य हो सकती है।[1]

हिन्दी में नई समीक्षा का आरम्भ नई कविता की प्रतिष्ठा के साथ माना जा सकता है। किन्तु ठीक उसी अर्थ में हिन्दी में इसकी प्रतिष्ठा नहीं हुई, जिस अर्थ में अमेरिकी समीक्षकों ने इसे परिभाषित किया है। हिन्दी के नए समीक्षकों ने काव्य के सन्दर्भ में भाषा के महत्त्व को स्वीकार किया। उसकी सर्जनात्मक विशेषताओं को लक्षित करने की चेष्टा की। कवि के अनुभव-

---

1. The most fundamental objection of the Chicago school to the programme and activities of the New critics is that in their enthusiasm to rehabitate Humanities, they sought to reduce literary criticism to the status of a physical science, at the cost of its character as a discipline in humanities.
—Essays in Modern Criticism,p.65

संसार के विस्तार और भाषा-संसार के प्रसार की अनिवार्य समानान्तरता का निरूपण किया। काव्यभाषा के सन्दर्भ में बिम्ब-वैविध्य, द्वन्द्व, तनाव, विसंगति एवं विडम्बना को स्पष्ट करने की चेष्टा की। शब्द-प्रयोग एवं ध्वनि-संयोजन से उत्पन्न चमत्कार को सराहा। काव्य के संवेद्य-तत्त्व और रूप-पक्ष के सम्बन्धों का विश्लेषण किया, किन्तु कविता को ऐतिहासिक सन्दर्भ से काटकर देखने के आग्रह को महत्त्व नहीं दिया। नई समीक्षा (अमेरिकी) ने हिन्दी के नए समीक्षकों को निश्चित रूप से प्रभावित किया है, किन्तु अपने प्रभाव के आवेग में उन्हें बहा नहीं ले गई है। हिन्दी के प्रखर मार्क्सवादी समीक्षक और कवि भी इससे प्रभावित हुए हैं। यह इसकी शक्ति का द्योतक है, किन्तु इसके साथ ही हिन्दी के शुद्ध साहित्यिक समीक्षक भी इसे अत्यन्तिक महत्त्व नहीं दे सके हैं, यह इसकी दुर्बलता का सूचक है।

नई समीक्षा पद्धति (अमेरिकी) का हिन्दी की वर्तमान समीक्षा पर कितना प्रभाव पड़ा है, इसका अनुमान लगाने के लिए डॉ० रामविलास शर्मा की प्रसिद्ध कृति 'निराला की साहित्य-साधना' द्रष्टव्य है। निराला-काव्य का विश्लेषण करते हुए डॉ० शर्मा ने 'निराला' की काव्यभाषा की सर्जनात्मक विशेषताओं का गहन विवेचन किया है। उन्होंने 'निराला' की प्रतीक-योजना, संश्लिष्ट बिम्ब-विधान, अनुप्रास-प्रेम, ध्वनि-प्रवाह, मौलिक शब्द-योजना, अर्थ-चमत्कार आदि का विस्तारपूर्वक विवेचन किया है। उन्होंने पुस्तक की भूमिका में लिखा है—"साहित्यकार भी स्थापत्यकार की तरह अपना निर्माण-कौशल प्रदर्शित करता है। इस कौशल को हम कैसे परखें ? निर्माण-कौशल के लिए रचना-सामग्री क्या है? भाषा, शब्दों का अर्थ, उनकी ध्वनि, छन्द-प्रवाह, मूर्ति-विधान—इनका परस्पर सम्बन्ध क्या है ? काव्य की संरचना से इनका सम्बन्ध क्या है?— इस तरह के प्रश्नों से उलझते हुए—'निराला' की कला—मुख्यतः उनकी काव्य-कला का विवेचन किया गया है।" कहना न होगा कि काव्यभाषा के सघनपाठ के अभाव में इस प्रकार का विवेचन सम्भव नहीं है। अतः नई समीक्षा की यह शर्त कि काव्यभाषा का सघन पाठ समीक्षा के लिए अनिवार्य है, डॉ० शर्मा ने स्वीकार कर ली है, किन्तु कृति को युग-सन्दर्भ से काटकर और रचनाकार के विचार-बोध से अलग करके देखने की बात उन्हें मान्य नहीं है। इसीलिए निराला-काव्य के मूल्यांकन-क्रम में उन्होंने उनके स्वाधीनता-प्रेम, उनकी दार्शनिक मान्यताओं, उनके जीवन-संघर्ष, उनके भाव-बोध एवं उनके आस्था-केन्द्र को स्पष्ट करते हुए उनके मानसिक विकास को जीवन-सन्दर्भों के परिप्रेक्ष्य में रेखांकित किया

है। दूसरे मार्क्सवादी समीक्षक डॉ० नामवर सिंह ने 'कविता के नए प्रतिमान' में काव्यभाषा की सृजनशीलता, काव्यविम्ब, काव्य-संरचना, काव्यानुभूति की जटिलता और तनाव, विसंगति और विडम्बना आदि का विस्तृत विवेचन करते हुए एक प्रकार से नई समीक्षा के रूपवादी झुकाव और भाषावादी दृष्टिकोण के स्वीकार का ही परिचय दिया है। श्री नेमिचन्द्र जैन ने इस कृति के सम्बन्ध में अपना निष्कर्ष देते हुए कहा भी है—" नामवर सिंह का विश्लेषण उस प्रवृत्ति को समर्थन देता जान पड़ता है, जो कहता है कि कविता की दुनिया एक स्वायत्त दुनिया है, जिसका मूल्यों से, किसी सामाजिक सार्थकता से कोई सम्बन्ध नहीं है।" डॉ० नामवर सिंह ने इसका उत्तर देते हुए दूसरे संस्करण की भूमिका में कहा है—"मार्क्सवादी आलोचना के इस रूप तिरस्कार की क्षतिपूर्ति के लिए ही 'कविता के नए प्रतिमान' में काव्य के रूप-पक्ष पर अतिरिक्त बल दिया गया है।" मार्क्सवादी समीक्षा का रूप-पक्ष की ओर यह झुकाव साहित्य को स्वायत्तता को सम्मान देने के उपक्रम का ही परिणाम है।

हिन्दी के नए समीक्षकों में डॉ० रामस्वरूप चतुर्वेदी मूलतः काव्यभाषा की सर्जनात्मकता को केन्द्र में रखकर समीक्षा में प्रवृत्त होते हैं। उनकी दृष्टि में काव्यभाषा का प्रतिमान ही सर्वाधिक विश्वसनीय प्रतिमान है। इस प्रकार डॉ० चतुर्वेदी की समीक्षा-दृष्टि नई समीक्षा-दृष्टि (अमेरिकी) के अधिक निकट है, किन्तु उन्होंने भी 'मुक्तिबोध' के बिम्बविधान का विश्लेषण करते हुए उसके माध्यम से भारतीय निम्न-मध्यमवर्गीय जिन्दगी का असली रूप पहचाना है। वे कहते हैं—"मुक्तिबोध के बिम्बों में भय और आत्मीयता का एक विचित्र मिश्रण है, जो उनके लिए आज की औसत भारतीय निम्न-मध्यमवर्गीय जिन्दगी का असली रूप है। उनके काव्य की शक्तिमत्ता अधिकतर इस बिम्बविधान से उपजती है और 'गरबीली गरीबी' के समूचे वैचित्र्य को सम्पादित करती है।"

—आलोचना, अंक 12 जनवरी-मार्च, 1970

डॉ० चतुर्वेदी 'मुक्तिबोध' की कविता के रचाव का विश्लेषण करते हुए, उसमें संकेतित निम्न-मध्यमवर्गीय जिन्दगी के असली रूप को भी पहचानते हैं। इस पहचान में कहीं-न-कहीं 'मुक्तिबोध' की जिन्दगी की पहचान भी काम करती है। इसी प्रकार श्री विजयदेवनारायण साही, श्री अशोक वाजपेयी, श्री लक्ष्मीकान्त वर्मा, श्री रमेशचन्द्र शाह तथा अन्य नए समीक्षकों के निष्कर्षों को उदाहत किया जा सकता है। श्री विजयदेवनारायण

साही ने आधुनिक हिन्दी कविता की भाषिक एवं रूपात्मक विशेषताओं का विवेचन अवश्य किया है, किन्तु वे भाषा के छवि-जाल में ही उलझकर रह नहीं गए हैं, वरन उसमें लक्षित होनेवाली सामाजिक चेतना को भी उन्होंने निर्दिष्ट किया है। शमशेर की काव्यानुभूति की बनावट का विश्लेषण करते हुए उन्होंने फ्रान्स के प्रसिद्ध प्रतीकवादी कवि मलार्मे की सृजन-प्रक्रिया से शमशेर की सृजन-प्रक्रिया की तुलना की है। उनकी कविता में प्रयुक्त बिम्बों के वैविध्य और उस वैविध्य के मूल में विद्यमान भावभूमि की एकता को लक्षित किया है, किन्तु वे यहीं तक रुक नहीं गए हैं। निबन्ध का अन्त करते हुए उन्होंने कहा—"इन कविताओं में अवतरित होता हुआ जो सौन्दर्य है, यथार्थ पर थपेड़े मारता हुआ चेतना का जो स्पन्दन है, यदि उसकी धड़कन को कुछ अधिक गहराई से आप महसूस कर सकेंगे, तो मैं अपने इस प्रयास को सफल समझूँगा (शमशेर, पृ० 38) यदि काव्य-समीक्षक भाषा के सर्जनात्मक तत्त्वों के विश्लेषण के सहारे काव्य में निहित यथार्थ-बोध को लक्षित करता है, तो उसके रूपवादी होने या कविता के संसार को पूर्णतः स्वायत्त मानकर उसे ऐतिहासिक सन्दर्भों से काट देने का खतरा नहीं है। श्री अशोक वाजपेयी ने 'फिलहाल' में समकालीन आलोचना के सम्बन्ध में अपना मत देते हुए 'रचना को उसकी तद्रूपता और अद्वितीयता में देखने, पहचानने और परखने' पर बल दिया है। उन्हें शिकायत है कि हिन्दी-आलोचना गैर-साहित्यिक दबावों से आक्रान्त रही है। श्री वाजपेयी के इन कथनों से यह आशंका होती है कि वे कविता को ऐतिहासिक सन्दर्भों से पूर्णतः अलग करके देखेंगे, किन्तु इसी पुस्तक के 'दृश्यालेख' में आपने स्वीकार किया है कि, "कविता को समकालीन मनुष्य की हालत उजागर करने, समझने और परिभाषित करने की कोशिश करनी चाहिए, हालाँकि कविता उन शक्तियों में से नहीं रह गई है, जो आधुनिक समाज में उस हालत को प्रभावित कर या बदल सके।" (फिलहाल, पृ० 18) श्री लक्ष्मीकान्त वर्मा ने 'नई कविता' में लक्षित होनेवाली रूमानी भावुकता का विरोध किया है और कविता के लिए बौद्धिक-वैज्ञानिक दृष्टि की माँग की है। अपनी व्यावहारिक समीक्षाओं में वे भी नई समीक्षा की मूल प्रतिज्ञा—कविता की संरचना को व्यंग्य, विडम्बना और तनाव के आधार पर हो विश्लेषित किया जाए की सीमा का पूरा-पूरा निर्वाह नहीं कर सके हैं। श्री रमेशचन्द्र शाह ने 'नई कविता' का विश्लेषण करते हुए नए कवियों की रचना-दृष्टि को अलग-अलग पहचानने की कोशिश की है। यद्यपि उनकी समीक्षा-दृष्टि मूलतः

भाषा दृष्टि ही है, किन्तु इन्होंने शब्द की मनुष्य-सापेक्षता को स्वीकार किया है और सम्भवत: इसीलिए जहाँ कहीं इन्हें काव्य में परिवेशगत असंगतियों से कविता की टकराहट का एहसास हुआ है, इन्होंने उसका स्पष्ट उल्लेख किया है। अर्थात् ऐतिहासिक सन्दर्भ का काव्य-सृजन पर पड़नेवाले दबाव को इन्होंने भी स्वीकार किया है।

उपर्युक्त विवेचन से स्पष्ट है कि हिन्दी में नई समीक्षा से जुड़े हुए नए समीक्षकों ने अमेरिकी नई समीक्षा की मूल प्रतिज्ञा का पूर्णत: परिपालन नहीं किया है। मार्क्सवादी दर्शन से प्रभावित समीक्षकों ने काव्य के सन्दर्भ में भाषा के महत्त्व को स्वीकार करते हुए भी काव्य की सापेक्षिक स्वायत्तता को ही मान्य ठहराया है, दूसरी ओर काव्य की पूर्ण स्वायत्तता का पक्ष प्रस्तुत करनेवाले समीक्षकों ने अपनी व्यावहारिक समीक्षाओं में काव्य पर पड़नेवाले ऐतिहासिक सन्दर्भ के दबाव को किसी-न-किसी रूप में स्वीकार करके उसकी पूर्ण स्वायत्तता के आगे स्वयं प्रश्न का चिह्न लगा दिया है।

जैसा कि हम कह आए हैं, नई समीक्षा की मूल प्रतिज्ञा को स्वीकार करके चलनेवाली एक अन्य समीक्षा-दृष्टि शैली-विज्ञान की है। शैली-विज्ञान भी काव्य को भाषा का ही एक रूप मानता है। शैली-विज्ञान की मान्यता है कि, "सामान्य से अलग हटकर जिस विशिष्ट भाषा का प्रयोग कवि करता है, वही भाषा की काव्यात्मक शैली कही जाती है।" अनुभव के कथ्यपक्ष का भाषा के रूप में उसके रीतिपक्ष के साथ अटूट सम्बन्ध हैं। काव्यात्मकता अपने को अपने माध्यम (काव्यभाषा) से मुक्त नहीं कर पाती। ऐसी स्थिति में भाषा की व्यवस्था को समझनेवाली भाषावैज्ञानिक दृष्टि का उपयोग काव्यात्मकता का विश्लेषण करने के लिए किया जा सकता है। इसी आधार पर शैली-विज्ञान काव्यात्मक विश्लेषण में प्रवृत्त होकर समीक्षा का एक अंग बन गया है। शैली-विज्ञान अभी विकास की प्रक्रिया में है। अनेक प्रतिष्ठित विद्वान उसके विषय में अभी निर्णयात्मक मत व्यक्त करने की स्थिति में नहीं हैं। प्रसिद्ध आधुनिक समीक्षक रेने वेलेक के अनुसार, "शैली-विज्ञान कविता की संरचना को समझने में सहायक हो सकता है, पर वह आलोचना का एक अंग है, पूरी साहित्यिक आलोचना नहीं है।" वस्तुत: जो समीक्षक काव्य-संरचना के घटक तत्त्वों के विश्लेषण तक ही समीक्षा की गति और सीमा मानते हैं, वे शैली-विज्ञान को एक पूर्ण आलोचना-पद्धति के रूप में स्वीकारते हैं; किन्तु जो मूल्यों के अन्वेषण को आलोचना का मुख्य धर्म मानते हैं, वे अभी इसे पूरा समर्थन नहीं दे पा रहे हैं।

अब तक के विवेचन को दृष्टि में रखकर हम नई समीक्षा की शक्ति और सीमा दोनों को रेखांकित कर सकते हैं। नई समीक्षा की सबसे बड़ी शक्ति है काव्यभाषा के सघन विश्लेषण द्वारा उसके सर्जनात्मक स्वरूप का अन्वेषण। इस अन्वेषण -क्रम में नए समीक्षक रचना की आन्तरिक संगति के आधार-तत्त्व तक पहुँचने में बहुत दूर तक सफल हो सके हैं। इसी आधार पर उन्होंने अनुभव के कथ्यपक्ष और अभिव्यक्ति के शैली या रीतिपक्ष के अभिन्न सम्बन्ध को पहचानकर भाव और कला के द्वैत को स्वीकार कर लिया है। इसी आधार पर वे यह घोषित कर सके हैं कि काव्यवस्तु भाषा के भीतर रहकर अपनी सत्ता को धारण करती है। काव्यभाषा काव्यवस्तु का माध्यम नहीं है, वह स्वयं काव्य ही है। यह घोषणा कुछ वैसी ही है, जैसी वक्रोक्तिकार की यह घोषणा कि वक्रोक्ति ही काव्यजीवित है। यही नई समीक्षा की सीमा भी है; क्योंकि इसी के चलते यह काव्य की पूर्ण स्वायत्तता घोषित करके उसे ऐतिहासिक सन्दर्भ में काट देती है। इसी आधार पर वह मूल्यांकन की अपेक्षा विश्लेषण को महत्त्व देती है और इसी कारण वह काव्य के आस्वादन में विश्वास नहीं करती। काव्य यदि एक कलात्मक भाषिक संरचना है, तो वह पाठक को अपने सौन्दर्य से अवश्य आकृष्ट करेगी। सौन्दर्य का प्रभाव न पड़े, यह कल्पना नहीं की जा सकती। सौन्दर्य से प्रभावित होगा, सुन्दर वस्तु के आकर्षण से खिंचकर उसमें प्रवृत्त और तन्मय होना, आस्वाद ग्रहण करना ही है। ऐसी स्थिति में हम नई समीक्षा की इस मूल स्थापना को कि कविता की स्वायत्त सत्ता है और वह शाब्दिक संघटना मात्र है, महत्त्वपूर्ण मानते हुए भी व्यावहारिक स्तर पर सापेक्षिक रूप में ही स्वीकार करना चाहेंगे। यह शुभ लक्षण है कि हिन्दी के नए समीक्षकों ने आंग्ल-अमेरिकी नई समीक्षा की मूल प्रतिज्ञा को आत्यन्तिक रूप में कम-से-कम व्यवहार के स्तर पर—स्वीकार नहीं किया है।

आलोचना के प्रतिमान

आलोचना, अपने सर्वोत्तम रूप में, आलोच्य-विषय के विश्लेषण-क्रम में सृजन की उसी प्रक्रिया से गुजरना है जिस प्रक्रिया से गुजरकर रचनाकार अपनी रचना की सृष्टि करता है। ऐसी स्थिति में आलोचना के प्रतिमान रचना के प्रतिमान से सर्वथा भिन्न नहीं हो सकते। यदि रचना रसात्मक, अलंकृत, रमणीय, व्यंजक, ललित, भावदीप्त-पद-युक्त एवं प्रभविष्णु होकर श्रेष्ठ हो सकती है तो रसात्मकता, अलंकरण, रमणीयता, व्यंजकता, भावदीप्त-पद-विन्यास एवं प्रभविष्णुता के तत्त्व श्रेष्ठ आलोचना के प्रतिमान कहे जाएँगे। भारतीय काव्य-चिन्तन के क्षेत्र में 'रस', 'अलंकार', 'रीति', 'ध्वनि' और 'वक्रोक्ति' जैसे प्रतिमानों का अनुसन्धान भी रचना में निहित सौन्दर्य-तत्त्वों को रेखांकित करने के क्रम में ही किया गया था। इन प्रतिमानों के माध्यम से काव्य के आन्तरिक एवं बाह्य सौन्दर्यविधायक तत्त्वों को प्रतिष्ठित करने की चेष्टा की गई थी। सामान्यतः 'अलंकार', 'रीति' और 'वक्रोक्ति' का सम्बन्ध काव्य के बाह्य-सौन्दर्य और 'रस' एवं 'ध्वनि' का सम्बन्ध आन्तरिक सौन्दर्य से मान्य है। किन्तु यह ध्यान देने की बात है कि ये सभी प्रतिमान परम्पर सम्बद्ध हैं। इनका अन्तर तत्त्व-विशेष पर बल देने के कारण स्वीकार्य है। काव्य सौन्दर्य के निर्धारण में इन सभी को महत्त्वपूर्ण भूमिका रही है और किसी एक को छोड़ देने से काव्य के समग्र सौन्दर्य के विश्लेषण में बहुत कुछ छूट जाने की पूरी सम्भावना है। आधुनिक सौन्दर्य-चिन्तन की दृष्टि से भी इन प्रतिमानों का महत्त्व मान्य है। आधुनिक पाश्चात्य सौन्दर्य-चिन्तक यह मानते हैं कि सौन्दर्यानुभूति के क्षणों में हम सुन्दर वस्तु के कल्पना-प्रसूत बिम्ब रूप में तल्लीन होकर एक विशिष्ट आनन्द का अनुभव करते हैं। यह आनन्दानुभव भारतीय रसानन्द की अवधारणा को पुष्ट करता है। इसी प्रकार आधुनिक सौन्दर्यचिन्तन की यह अवधारणा कि सुन्दर वस्तु में आनन्द के उद्रेक की क्षमता के साथ ही चित्त को विस्मित करने की शक्ति भी होती है, भारतीय अलंकार-सिद्धान्त की अवधारणा के निकट पड़ती है। भारतीय आचार्य अतिशय, वक्रोक्ति आदि अलंकारों में विस्मय तत्त्व

के कारण ही सौन्दर्य को स्थिति स्वीकार करते हैं। इस प्रकार आलोचना के प्राचीन भारतीय प्रतिमान कालजयी कृतियों में निहित सौन्दर्य-विधायक तत्त्वों के आधार पर प्रतिष्ठित होने के कारण आधुनिक सौन्दर्य-चिन्तन के सन्दर्भ में भी पूर्णत: अप्रासंगिक नहीं हुए हैं। आवश्यकता विवेकपूर्वक उनमें निहित उपयोगी तत्त्वों के अनुसन्धान की है।

हजारों वर्षों तक भारतीय आचार्य काव्य की श्रेष्ठता और उत्कृष्टता का मूल्यांकन इन्हीं परम्परागत प्रतिमानों के आधार पर करते रहे हैं। मध्यकाल में वैष्णव-भक्ति-आन्दोलन के फलस्वरूप काव्य-प्रवाह में भक्ति की व्यापक प्रतिष्ठा और रचना के क्षेत्र में अनेक शास्त्र-ज्ञान-रहित भक्तों के प्रवेश से आलोचना के परम्परानिष्ठ प्रतिमानों में परिवर्तन की सम्भावना अवश्य हुई थी किन्तु गौड़ीय वैष्णव आचार्यों द्वारा चित्त विषयक रति को केन्द्र में रखकर मधुर रस की प्रतिष्ठा के अतिरिक्त कोई बड़ा परिवर्तन नहीं हुआ। हिन्दी के रीति-काल में तो परम्परागत प्रतिमानों—रस, रीति, अलंकार के पद्यबद्ध लक्षण उदाहरण प्रस्तुत करके ही आचार्यों ने अपने कर्तव्य की इतिश्री कर ली।

आधुनिक काल में रचना के क्षेत्र में व्यापक परिवर्तन हुए। सामाजिक, सांस्कृतिक एवं राष्ट्रीय विषयों को भी काव्य-विषय के रूप में स्वीकार किया गया। दीन-दुखियों, पीड़ितों, उपेक्षितों एवं दलितों के प्रति भी पूरी सहानुभूति दिखाई गई। देश की स्वतन्त्रता के लिए संघर्ष एवं आत्म बलिदान की प्रेरणा को भी कवि-कर्म के रूप में स्वीकार किया गया। स्वतन्त्रता-प्राप्ति के बाद बेहतर समाज-व्यवस्था की स्थापना के लिए या स्वस्थ समाजवादी मूल्यों की प्रतिष्ठा के लिए संघर्ष-चेतना को उभारना भी रचना का धर्म माना गया। इनके चलते आलोचना के प्रतिमानों के परिवर्तन की माँग सामने आई। यों तो भारतेन्दु-युग में ही परम्परागत प्रतिमानों को शिथिल करने और सामाजिक उपयोगिता के आधार पर रचनाओं की मूल्यवत्ता आँकने की प्रक्रिया आरम्भ हो गई थी किन्तु द्विवेदी-काल में सुधार एवं जागरण की प्रवृत्ति के दबाव के कारण रस-पद्धति के भीतर 'लोकमंगल' के तत्त्व को जोड़कर शास्त्रीय प्रतिमानों के भीतर ही सामाजिक मूल्यों के अनुसन्धान का मार्ग प्रशस्त किया गया। यह कार्य आचार्य शुक्ल ने बड़ी सावधानी और सूझ-बूझ के साथ किया। उन्होंने अपने व्यापक अध्ययन एवं सूक्ष्म काव्य-विवेक के आधार पर यह अनुभव किया कि किसी भी युग में काव्यानुभूति शब्द और अर्थ के उपादानों के आधार पर ही व्यक्त होगी। इसलिए उसके मूल्यांकन के जो भी

प्रतिमान निर्धारित होंगे वे शब्द और अर्थ की विन्यास-भंगिमा पर ही आधृत होंगे। इसके अतिरिक्त उनकी यह भी धारणा थी कि काव्यानुभूति जीवनानुभूति से सर्वथा भिन्न नहीं हो सकती। इसलिए जीवन-सन्दर्भ से काटकर कोरे शब्द-जाल, उक्ति-वैचित्र्य एवं कुतूहलवर्धिनी कल्पना के सहारे कविता को मूल्यवान नहीं बनाया जा सकता। इसीलिए उन्होंने 'अलंकार', 'रीति' और 'वक्रोक्ति' जैसे प्रतिमानों का महत्त्व 'रस' के सन्दर्भ में ही स्वीकार किया। 'ध्वनि' में अतिव्याप्ति और अव्याप्ति दोनों ही प्रकार के दोषों की स्थिति मानकर उसके महत्त्व को अस्वीकार कर दियाँ और शब्द एवं अर्थ के ऐसे सामंजस्यपूर्ण विधान को काव्य के लिए आवश्यक माना जो जीवन की मार्मिक स्थितियों की रसात्मक अभिव्यक्ति से पाठक के चित्त को द्रवित करके उसे स्वार्थ के संकुचित मंडल से ऊपर उठाए और उसके हृदय को मुक्तावस्था में पहुँचा दे। आचार्य शुक्ल के बाद छायावाद के सौन्दर्यनिष्ठ कल्पनाशील भावोन्मेष से प्रभावित आत्मवादी समीक्षकों को 'लोकमंगल' का प्रतिमान ग्राह्य नहीं हुआ। परम्परागत प्रतिमानों का तिरस्कार तो वे नहीं कर सके किन्तु अपनी व्यावहारिक समीक्षाओं में उनका उपयोग भी उन्होंने नहीं किया। 'रस' को सार्वभौम और सर्वकालिक मानते हुए भी उसकी सामाजिक व्याख्या का प्रयत्न नहीं किया गया, श्रेष्ठ साहित्य के पढ़ने से उत्पन्न आनन्दात्मक प्रतिक्रिया को ही 'रस' के रूप में स्वीकार किया गया और काव्य का लक्ष्य उच्चकोटि का लौकिक और अलौकिक आनन्द प्रदान करना ही माना गया। इस प्रकार छायावादी काव्य-वैभव के मन्थन से आनन्द-प्रदायिनी आन्तरिक भाव-छवियों की उदात्त एवं बिम्बात्मक अभिव्यक्ति का तत्त्व उपलब्ध हुआ और इसे ही आलोचना के प्रतिमान के रूप में प्रतिष्ठित करने की चेष्टा की गई।

स्वतन्त्रता-प्राप्ति के बाद नवलेखन और नई कविता का दौर प्रारम्भ हुआ। इस दौर में आलोचना के नए प्रतिमानों की खोज और उनकी प्रतिष्ठा की चेष्टा की गई। नए प्रतिमानों की खोज इस स्थापना के साथ आरम्भ हुई कि कविता मूलतः भाषिक संरचना है, इसलिए भाषिक विश्लेषण द्वारा ही उसमें निहित सौन्दर्य-तत्त्व का विवेचन होना चाहिए। कविता के मूल्यांकन के लिए उसके बाहर जाने की आवश्यकता नहीं हैं। रचनाकार का जीवनवृत्त, उसका युगसन्दर्भ, उसकी वर्गीय स्थिति, उसका मनोविज्ञान तथा वे सारे ऐतिहासिक सन्दर्भ जो उसकी विचारधारा को प्रभावित कर सकते हैं, रचना के मूल्यांकन के सन्दर्भ में अप्रासंगिक हैं। इस स्थापना को पूर्णतः स्वीकार

करके चलना आसान नहीं था इसलिए नए प्रतिमानों की खोज में इसका पूरा-पूरा पालन तो नहीं हुआ किन्तु नए प्रतिमानों के रूप में अनुभूति की जटिलता और प्रामाणिकता', 'तनाव', 'विसंगति', 'विडम्बना', 'बिम्बात्मकता', 'प्रतीकात्मकता', 'अनेकार्थता', 'आन्तरिक संगति', 'सांकेतिकता' आदि जिन प्रतिमानों की चर्चा की गई निश्चय ही वे रचना के भीतर से ही लक्षित किए गए थे। भाषिक विश्लेषण पर अधिक बल देने के क्रम में ही शैली-वैज्ञानिक और संरचनावादी प्रतिमानों की चर्चा हुई किन्तु व्यावहारिक स्तर पर इन्हें व्यापक प्रतिष्ठा प्राप्त नहीं हुई।

अब नई कविता तथा साहित्य की अन्य विधाएँ सन् '६० से बहुत दूर आ गई हैं। आधुनिकता का आन्दोलन पीछे छूट गया है। अस्तित्ववाद से प्रेरित नए काव्य-प्रयोगों का दौर समाप्त हो गया है। अब जनवादी और वाम कविता का जोर बढ़ रहा है और आलोचना के क्षेत्र में मार्क्सवादी सौन्दर्यशास्त्र को प्रतिमान रूप में स्वीकार किया जाने लगा है। मार्क्सवादी सौन्दर्यशास्त्र सौन्दर्य को वस्तुनिष्ठ और सामाजिक विकास प्रक्रिया के साथ परिवर्तनशील मानता है। वह साहित्य के रूप-तत्त्व की उपेक्षा नहीं करता वरन आलोचना के प्रतिमान को समृद्ध करने के लिए उसके विश्लेषण को आवश्यक मानता है। इस विश्लेषण में वह यह ध्यान अवश्य रखता है कि साहित्य का रूप-तत्त्व निष्क्रिय, जड़, परम्पराभुक्त एवं स्थितिशील है या जीवन को बेहतर बनाने के लिए किए जानेवाले संघर्ष को गति देने के लिए संघटित सामाजिक ऊर्जा को बिम्बित एवं मूर्त कर रहा है।

सम्प्रति आलोचना के प्रतिमानो के निर्धारण के सन्दर्भ में तीन प्रश्न विचारणीय हैं। पहला यह कि आज परम्परागत प्रतिमान प्रासंगिक है या नहीं, दूसरा यह कि नई समीक्षा के भाषिक-विश्लेषण तथा शैली-वैज्ञानिक एवं संरचनावादी विवेचन में प्रयुक्त प्रतिमान उपयोगी हैं या नहीं और तीसरा यह कि मार्क्सवादी सौन्दर्यशास्त्र के प्रतिमान किस रूप में और किस सीमा तक ग्राह्य हैं। इन तीनों प्रश्नों पर गम्भीरतापूर्वक विचार करने के बाद निष्कर्ष रूप में कहा जा सकता है कि आज परम्परागत प्रतिमानों की नए सन्दर्भ में पुनर्व्याख्या की आवश्यकता है। आज वह रचना-संसार बहुत पीछे छूट गया है जिसमें उनकी प्रतिष्ठा हुई थी। इसलिए उनके भीतर से उन तत्त्वों को निकाल लेने को आवश्यकता है जो अत्यन्त के उपयोगी और सार्थक हैं। नई समीक्षा के सन्दर्भ में जिन प्रतिमानों का प्रयोग हुआ है वे उपयोगी हैं किन्तु उनपर अत्यधिक बल देने से रचना में निहित वस्तु-तत्त्व के उपेक्षित हो जाने

का खतरा भी है। मार्क्सवादी सौन्दर्यशास्त्रीय प्रतिमान उसी सीमा तक ग्राह्य हैं जिस सीमा तक वे काव्य-सौन्दर्य को विवृत करते हैं। सौन्दर्य की वस्तुनिष्ठ व्याख्या और सामाजिक विकास प्रक्रिया के साथ सौन्दर्यविधायक तत्त्वों की परिवर्तनशीलता का विरोध नहीं किया जा सकता। विरोध मार्क्सवाद के नाम पर सौन्दर्यात्मक अभिरुचि के आग्रहपूर्वक दमन का किया जाता है। सौन्दर्य, ऊर्जा, गति, लय, संघर्ष, प्राणशक्ति, चेतना और क्रिया में ही होता है और जब रचना में ये तत्त्व रचनाकार के अनुभव का अंग बनकर मूर्त होते हैं तो उसका सौन्दर्य निखर उठता है। इसलिए आज प्राचीन एवं नवीन सभी प्रकार की कालजयी कृतियों के गम्भीर-विवेचन के आधार पर आग्रहमुक्त होकर इन तत्त्वों के अनुसन्धान और इनके समन्वित आधार पर आलोचना के प्रतिमान निर्दिष्ट करने की आवश्यकता है।

रस-सिद्धान्त और आधुनिक काव्य

रस-सिद्धान्त भारतीय काव्य-चिन्तन का वह उत्कर्ष-बिन्दु है जहाँ पहुँचकर आचार्यों ने यह अनुभव किया था कि उन्हें काव्य के समग्र सौन्दर्य के आकलन का शाश्वत प्रतिमान प्राप्त हो गया है। 'रस' का आधार स्थायी भाव है। भाव कवि की अनुभूति का भाव न करनेवाला तत्त्व है। कवि की सुख-दुखात्मक समस्त अनुभूतियाँ अन्ततः भाव-रूप होकर ही अभिव्यक्ति पाती हैं। सार्थक भावाभिव्यक्ति सहृदय के चित्त को आर्द्र कर उसे आनन्दमग्न कर देती है। सहृदय का आनन्द-मग्न होना ही काव्य स्थित रस का आस्वादन करना है। वही काव्य श्रेष्ठ है जो सहृदय के चित्त को प्रभावित कर उसे आनन्द-विह्वल या रस-मग्न कर देता है। काव्य की श्रेष्ठता को आकलित करनेवाले अन्य सिद्धान्तों से रस-सिद्धान्त का विरोध नहीं है। रीति और गुण तो रस के पोषक हैं ही, अलंकार और वक्रोक्ति भी भाव-प्रेरित होने पर अधिक प्रभावपूर्ण हो जाते हैं। वक्रोक्ति, रसोक्ति में बाधक नहीं होती और अलंकार तो भाव को उत्कर्ष देकर रस-निष्पत्ति में सहायक ही होते हैं। ध्वनि-सिद्धान्त ने तो रस-ध्वनि की श्रेष्ठता स्वीकार करके प्रकारान्तर से रस को ही महत्त्व दिया है।

हिन्दी साहित्य के मध्यकाल में रस-सिद्धान्त को श्रेष्ठता सर्वमान्य रही। आधुनिक काव्य के विकास-क्रम में पाश्चात्य प्रभाव के कारण काव्य-वस्तु और उसके मूल्यांकन के प्रतिमानों में परिवर्तन हुआ किन्तु पारम्परिक प्रतिमान के रूप में रस-सिद्धान्त का महत्त्व बना रहा। हिन्दी के पथिकृत आचार्य रामचन्द्र शुक्ल ने रस-सिद्धान्त को काव्य के मूल्यांकन का शाश्वत एवं सार्वभौम प्रतिमान घोषित करते हुए उसको मनोवैज्ञानिक आधार पर विकसित और पुनर्व्याख्यायित करने की आवश्यकता पर बल दिया आचार्य नन्ददुलारे वाजपेयी तथा डॉ. नगेन्द्र जैसे स्वच्छन्दतावादी एवं सौष्ठववादी समीक्षकों ने भी रस-सिद्धान्त के महत्त्व को स्वीकार किया। तात्पर्य यह कि छायावादी काव्य की प्रतिष्ठा के साथ समीक्षा के स्वच्छन्दतावादी प्रतिमान के विकास और स्वीकार के बावजूद रस-सिद्धान्त की महत्ता अक्षुण्ण रही।

इसी प्रकार छायावाद के बाद प्रगतिवादी काव्य-धारा के विकासकाल में मार्क्सवादी सौन्दर्यशास्त्र को समीक्षा के मानदंड के रूप में स्वीकार तो किया गया किन्तु रस-सिद्धान्त को कोई बड़ी चुनौती नहीं दी जा सकी।

आधुनिक काल में प्रयोगवादी एवं नई कविता की प्रतिष्ठा के साथ पहली बार रस-सिद्धान्त की प्रासंगिकता को नकारा गया। नई कविता के समर्थक समीक्षकों एवं रचनाकारों दोनों ने खुले तौर पर रस की सार्थकता के आगे प्रश्न का चिह्न लगाया और कहा कि नई कविता जटिल संवेदना की कविता है। इसमें कवि की आन्तरिक संवेदना और बाह्य परिवेश की ही टकराहट नहीं है वरन कवि के चेतन-अचेतन संस्कारों एवं अपने ही खंडित व्यक्तित्व के विविध स्तरों एवं आयामों की टकराहट भी है। यह द्वन्द्व एवं तनाव की कविता है। क्षोभ, आक्रोश, विसंगति, विद्रोह, विडम्बना एवं विद्रूपता की कविता है। इसकी भूमि सीधी-सपाट सामाजिक चेतना या कल्पना के रम्य आदर्श की भूमि नहीं है। इसे पढ़कर किसी प्रकार की मानसिक विश्रान्ति प्राप्त नहीं होती। इसलिए रस-सिद्धान्त के आधार पर इसका मूल्यांकन नहीं हो सकता। इस प्रकार आधुनिक काव्य-विकास के क्रम में नई कविता की प्रतिष्ठा के साथ रस-सिद्धान्त की सार्थकता सन्दिग्ध हुई है और उसे ठोस चुनौती का सामना करना पड़ा है।

सम्प्रति रस-सिद्धान्त को लेकर समीक्षकों और रचनाकारों में दो वर्ग बन गए हैं। एक वर्ग रस-सिद्धान्त को आज भी समीक्षा का उपयोगी और सार्थक मानदंड मानता है। उसका कहना है कि शास्त्र की रूढ़ियों से मुक्त रस-सिद्धान्त अपने व्यापक और विकासशील रूप में काव्य का सार्वभौमिक सिद्धान्त है जिसके आधार पर प्रत्येक देश और प्रत्येक काल के सर्जनात्मक साहित्य का, सर्जनात्मक साहित्य की प्रत्येक विधा का उचित मूल्यांकन किया जा सकता है क्योंकि इसकी प्रकल्पना मानव-चेतना की मूल वृत्ति राग को केन्द्र में रखकर की गई है। जब तक मानव में उसकी यह राग संवेदना जीवित है जब तक उसकी सर्जनात्मक अभिव्यक्ति भी रागमयी होगी और रस-सिद्धान्त के आधार पर उसका मूल्यांकन सम्भव होगा। इस आधार पर रस समीक्षक अज्ञेय, दिनकर, गिरिजाकुमार माथुर, धर्मवीर भारती आदि आधुनिक कवियों तथा ठाकुरप्रसाद सिंह, जगदीश गुप्त, रवीन्द्र भ्रमर, ओम प्रभाकर, नरेश सक्सेना, रमेश रंजन आदि नए गीतकारों के नवगीतों को रस-दृष्टि से मूल्यवान घोषित करके रस की प्रासंगिकता का दावा करते हैं। कुछ शास्त्रनिष्ठ समीक्षकों ने और गहरे जाकर विचार किया है। वे नई कविता

में चित्रित तनाव-ग्रस्त मन: स्थितियों को वैयक्तिक न मानकर समाजगत मानते हैं और यह तर्क प्रस्तुत करते हैं कि निर्वैयक्तिक स्तर पर सर्जनात्मक अनुभूति के रूप में चित्रित यह मन:स्थिति यदि रसात्मक न होती तो पाठक इसे पढ़ने में क्यों प्रवृत्त होता, ऐसी स्थिति में काव्य-नायक से न सही कवि से पाठक का तादात्म्य तो होता ही है। रस-सिद्धान्त की दृष्टि से यह 'भाव दशा' मानी जाएगी और चूंकि अन्ततः 'भावदशा', 'रसदशा' ही है इसलिए तनावग्रस्त एवं विसंगतिपूर्ण मन:स्थितियों को चित्रित करनेवाली कविताओं का मूल्यांकन भी रस-सिद्धान्त के आधार पर हो सकता है। दूसरा वर्ग नए समीक्षकों का है जो रस-सिद्धान्त की प्रासंगिकता को स्वीकार नहीं करता और साफ-साफ घोषित करता है कि चाहे जितना हाथ-पैर मारा जाए आज की कविता का मूल्यांकन रस-सिद्धान्त के आधार पर नहीं हो सकता। आज कविता को एक भाषिक संरचना माननेवाले समीक्षक काव्य-भाषा की विशेषताओं को लक्षित करने और उसके भीतर से काव्य में निहित वस्तु-संवेदना तक पहुँचने की चेष्टा करते हैं। संरचनात्मक समीक्षा-शैली वैज्ञानिक समीक्षा का लक्ष्य भी शब्द और अर्थ के जटिल सम्बन्धों को पहचानना और उसके सूक्ष्म विश्लेषण के आधार पर रचना के मर्म की व्याख्या करना है। समीक्षा के इन प्रतिमानों के साथ परम्परागत प्रतिमानों की संगति ही बैठानी हो तो 'वक्रोक्ति' और 'ध्वनि' सिद्धान्तों की संगति अधिक बैठती है। अलंकार-सिद्धान्त की संगति भी खींचतानकर बैठाई जा सकती है किन्तु रस-सिद्धान्त की संगति बैठाने के लिए तो उसे उसकी तत्त्वमीमांसा की अद्वैतवादी भूमि से ही हटाना पड़ेगा। फिर किसी पारम्परिक प्रतिमान की नए प्रतिमान के साथ संगति बैठाना और बात है और उसे समीक्षा का सर्वसम्मत प्रतिमान मानना दूसरी बात है। रस-सिद्धान्त की जड़ें चाहे जितनी गहरी हों और उसका तात्त्विक आधार चाहे जितना पुष्ट हो, वह आज की कविता के मूल्यांकन का मान्य प्रतिमान नहीं बन सकता। आखिर मुक्तिबोध की 'अँधेरे में' और धूमिल की 'पटकथा' शीर्षक लम्बी कविताएँ किस रस की परिधि में समाहित होंगी? इसी प्रकार मलयज की मृत्यु के क्षणों का साक्षात्कार करनेवाली 'मुक्तिप्रसंग' कविता और कुँवर नारायण की मनुष्यता के समक्ष अधिक सार्थक जीवन जीने को चुनौती प्रस्तुत करनेवाली 'आत्मजयी' कविता को किस रस की कविता कहा जाएगा ? तात्पर्य यह कि नई कविता के दायरे में आनेवाली अनेक सशक्त कविताएँ रस-सिद्धान्त के आधार पर मूल्यांकित नहीं हो सकती।

निष्कर्ष रूप में हम यह कहना चाहेंगे कि वर्तमान सन्दर्भ में रस-सिद्धान्त ही नहीं कोई भी पारम्परिक सिद्धान्त आज की कविता के मूल्यांकन का सर्वमान्य सिद्धान्त नहीं बन सकता। हम उनकी और रस-सिद्धान्त की भी, प्रासंगिकता इसी रूप में स्वीकार करते हैं कि उनके मूल में शब्दार्थ-मीमांसा के सहारे अनुभव के विविध सन्दर्भों और जीवन की मार्मिक स्थितियों तक पहुँचने और उसके द्वारा काव्य-सौन्दर्य को रेखांकित करने की जो तार्किक पद्धति है वह आज भी उपयोगी है। अतः आवश्यकता रस-सिद्धान्त को विकसित करने की नहीं आधुनिक मानदंडों के विकास में रस-सिद्धान्त में निहित शब्दार्थ-मीमांसा की तार्किक पद्धति के समावेश की है। इसी दृष्टि से आज की कविता के मूल्यांकन के सन्दर्भ में उसकी उपयोगिता स्वीकार की जा सकती है।

आलोचना के विरोधी प्रतिमानों के बीच सामंजस्य की सम्भावना

काव्य-चिन्तन के क्षेत्र में 'आलोचना' के स्वरूप प्रकृति, उद्देश्य, पद्धति तथा 'रचना' के साथ उसके सम्बन्ध के विवेचन-विश्लेषण की परम्परा नई नहीं है। यह निर्विवाद है कि आलोचना भाषिक-संरचना के रूप में मूर्त कवि के अनुभव-जगत का विश्लेषण करके उसमें निहित जीवन-मूल्यों के आकलन की एक प्रक्रिया है। परिस्थिति एवं परिवेश में होनेवाले परिवर्तनों के साथ कवि के अनुभव-जगत में निरन्तर परिवर्तन होता रहता है और इसीलिए उसकी काव्य-संवेदना भी गत्यात्मक एवं परिवर्तनशील होती है। कवि की जीवन-दृष्टि, उसकी मानसिकता, तथा उसके सौन्दर्य-बोध एवं मूल्य सम्बन्धी धारणा में परिवर्तन के साथ ही रचना का ढाँचा भी बदल जाता है। रचना की प्रकृति एवं स्वरूप में घटित परिवर्तन के साथ ही आलोचना के स्वरूप और आधार में भी परिवर्तन अवश्यम्भावी हो जाता है। आलोचक रचना की मूल संवेदना का साक्षात्कार करके उसे संस्कारों के अनुकूल पुनः रचता है। इस प्रकार 'रचना' और 'आलोचना' दोनों का अन्तरावलम्बन निर्विवाद है।

रचना के विधायक-तत्त्वों के विवेचन-विश्लेषण तथा उसमें निहित जीवन-मूल्यों के आकलन की मुख्यतः दो ही दृष्टियाँ हो सकती हैं। एक दृष्टि रचना की पूर्ण स्वायत्तता को स्वीकार करके उसके घटक-तत्त्वों के विश्लेषण में विश्वास करती है। इसके अनुसार रचना का संसार अपने में पूर्ण एवं स्वायत्त है। रचना के मूल्यांकन का कोई दूसरा बाहरी आधार या मानदंड स्वीकार नहीं किया जा सकता। दूसरी दृष्टि रचना को व्यक्ति, समाज एवं परिवेश- सापेक्ष्य मानकर चलती है। रचना कैसी भी हो वह रचनाकार के व्यक्तित्व तथा उसके परिवेश के दबाव से सर्वथा मुक्त और निरपेक्ष नहीं हो सकती। इसलिए रचना को समझने के लिए रचनाकार के जीवन तथा उसके परिवेश का अध्ययन आवश्यक है। रचना की पूर्ण स्वायत्तता स्वीकार करनेवाली दृष्टि अन्ततः आलोचना को रूपवादी बना देती है। रूपवादी

आलोचना रचना के उन घटकों के विवेचन पर बल देती है जो उसे एक भाषिक संरचना के रूप में मूर्त करते हैं। यह शब्द-विन्यास, अर्थदीप्ति, ध्वनिसौन्दर्य, लय, विम्ब, प्रतीक तथा रचना में निहित तनाव के त्रिवेचन, विश्लेषण को ही अपना लक्ष्य स्वीकार करती है। जाहिर है कि इस प्रकार की आलोचना में रचना में व्यास विचारधारा एवं जीवनादर्श का आकलन नहीं हो पाता। इसके विपरीत रचना को परिस्थिति एवं परिवेश-सापेक्ष्य मानकर चलनेवाली दृष्टि उसमें व्याप्त विचारधारा एवं जीवनादर्श को अधिक महत्त्व देती है। इसलिए वह प्रायः रचना का मूल्यांकन रचना-बाह्य प्रतिमानों अर्थात् जीवन वृत्तान्त, इतिहास, दर्शन, समाजशास्त्र एवं मनोविज्ञ आदि के आधार पर करती है। ऐसी स्थिति में रचना का रूप-पक्ष उपेक्षित हो जाता है। आज आलोचना की जो पद्धतियों प्रचलित हैं उन सभी का समावेश उपर्युक्त दोनों दृष्टियों के भीतर हो जाता है। ऐतिहासिक, मनोवैज्ञानिक, मार्क्सवादी तथा स्वच्छन्दतावादी पद्धतियाँ रचना को व्यक्ति, परिस्थिति एवं परिवेश-सापेक्ष्य मानती हैं। दूसरी ओर नई समीक्षा, शैली-वैज्ञानिक-समीक्षा एवं संरचनावादी समीक्षा रचना की स्वायत्तता स्वीकार करके इसे ही अपना केन्द्रक मानती हैं। वे रचना के बाहर के किसी प्रतिमान की रचना के विश्लेषण का आधार नहीं मानतीं।

सामान्यतः इन दोनों दृष्टियों को परस्पर विरोधी समझा जाता है। रचना में विचार एवं वस्तु-तत्त्व को महत्त्व देनेवाली समीक्षा 'रूपवादी' समीक्षा को महत्त्व नहीं देती। रूप के विश्लेषण में प्रवृत्त होने पर रचना में निहित वस्तु-तत्त्व या केन्द्रीय संवेदना तक न पहुँच सकने का खतरा बना रहता है। इसी प्रकार वस्तु और विचारधारा को अधिक महत्त्व देने पर प्रायः रचना के रूप-पक्ष की उपेक्षा हो जाती है और कभी-कभी आलोचक का अतिरिक्त ज्ञान अनावश्यक विचार-स्फीति से समीक्षा को रचना से काट देता है। हिन्दी में प्रगतिवादी समीक्षा के आरम्भिक दौर में प्रगतिवादी समीक्षा के नाम पर रचना के सौन्दर्य-विश्लेषण के स्थान पर ऐतिहासिक भौतिकवाद का सतही परिचय और वर्गसंघर्ष का आरोपित विश्लेषण इसी दृष्टि का परिणाम था। वस्तुतः आलोचना की उपर्युक्त दोनों दृष्टियाँ एक-दूसरे की पूरक हैं। एक समग्र एवं पूर्ण आलोचना-दृष्टि के विकास के लिए इन दोनों में विवेकपूर्ण सामंजस्य स्थापित करना आवश्यक है। आचार्य रामचन्द्र शुक्ल की समीक्षा-पद्धति आज भी इसीलिए प्रासंगिक है कि उसमें दोनों ही दृष्टियों का सामंजस्य है।

वस्तुवादी एवं रूपवादी आलोचना-दृष्टियों में सामंजस्य स्थापित करने के लिए आवश्यक है कि हम 'रचना' की पूर्ण स्वायत्तता के स्थान पर उसकी 'सापेक्ष्य-स्वायत्तता' स्वीकारें। यह सत्य है कि रचना का संसार वास्तविक जगत से निरपेक्ष एवं पूर्णतः स्वायत्त नहीं है। वास्तविक जगत की ऐन्द्रियक संवेदना ही काव्य-संवेदना का उपजीव्य है। रचनाकार का वैयक्तिक अनुभव, उसके जीवन को मोड़ देनेवाली परिस्थितियाँ उसका परिवेश यह सब मिलकर और रचना की शर्तों के अनुसार रूपान्तरित होकर उसके रचना-संसार का निर्माण करते हैं किन्तु यह भी सत्य है कि रचना में व्यक्त अनुभूति जीवनानुभूति का अनुवाद मात्र नहीं हैं। वह रचनाकार की सर्जनात्मक प्रतिभा का संस्पर्श पाकर एक प्रकार की निजता एवं स्वायत्तता प्राप्त कर लेती हैं। रचना अपने मूर्त रूप में भाषिक-संरचना ही है। इसलिए रचना का विश्लेषण और मूल्यांकन करने के लिए हमें भाषिक विश्लेषण का आधार लेना ही होगा। रचना का गहन अध्ययन और भाषा की सम्पूर्ण अभिव्यक्ति-क्षमता का सूक्ष्म विश्लेषण ही हमें रचना की मूल संवेदना तक पहुँचा सकता है। इसीलिए भारतीय काव्य-चिन्तन में शब्द और अर्थ के संश्लिष्ट एवं जटिल सम्बन्धों की व्याख्या के लिए शब्द-शक्तियों के सूक्ष्म अध्ययन की परम्परा विकसित की गई थी।

वस्तुतः वस्तु और रूप का द्वैत विवेचन की सुविधा के लिए ही स्वीकार किया जाता है। तत्त्वतः दोनों में भेद नहीं किया जा सकता। अनुभूति की सहजता, गाढ़ता, जटिलता, उदात्तता एवं सघनता के आधार पर ही रचना का रूप ढलता है या रचना का ढाँचा खड़ा होता है। इसी प्रकार रचना के बाह्य ढाँचे या रूप के आधार पर ही उसमें निहित अनुभूति या विचारधारा या संवेद्य-तत्त्व को लक्षित किया जा सकता है। इसीलिए रचनाकार के अनुभव की नव्यता अपने लिए नए काव्य-रूप का विधान कर लेती है। भाषा का स्वरूप भी अनुभूति-सापेक्ष्य होता है। अलग-अलग कवियों की काव्य-भाषा को अलग-अलग मुद्राएँ उनके अनुभव-संसार के पार्थक्य को स्पष्ट करती हैं। नई समीक्षा के प्रचलन के बाद पुराने समीक्षकों ने भी रचना के भाषिक विश्लेषण के महत्त्व को समझा है। डॉ. रामविलास शर्मा द्वारा की गई निराला के काव्य की आलोचना इसका प्रमाण है। डॉ. शर्मा ने निराला की प्रतीक योजना, बिम्ब-रचना, ध्वनि-प्रवाह, स्वरसाधना, शब्द-योजना, छन्द-विधान, अलंकरण, अर्थ-चमत्कार, गीति-रचना-कौशल आदि का विश्लेषण करके उनके भावबोध की व्याख्या की है। इस प्रकार उन्होंने भाषिक विश्लेषण

को भावबोध तक पहुँचाने का माध्यम स्वीकार किया है। समीक्षा के क्षेत्र में वस्तुवाद और रूपवाद या रचना की पूर्ण स्वायत्त स्थिति और समाज-सापेक्ष्य स्थिति के बीच सामंजस्य की बात कहना किसी प्रकार की समझौतावादी दृष्टि का परिचायक नहीं है। सामंजस्य की खोज, पूर्ण एवं समग्र दृष्टि की खोज है। रचना को समझने के लिए रचनाकार के जीवन एवं परिवेश को समझना भी उतना ही आवश्यक है जितना रचना का गहन एवं सूक्ष्म भाषिक-विश्लेषण करना। इस सामंजस्य की खोज में भाववादी एवं वस्तुवादी जीवन-दर्शन का भेद आड़े नहीं आता। भाषिक-विश्लेषण भाववादी एवं वस्तुवादी दोनों प्रकार के समीक्षकों के लिए रचना के अन्तरतम में पहुँचने का एक निर्विवाद माध्यम है। हिन्दी की वर्तमान समीक्षा में क्रमशः वस्तुवादी और रूपवादी प्रवृत्तियों का भेद मिट रहा है, यह शुभ लक्षण है। डॉ. रामविलास शर्मा जैसे वस्तुवादी विचारक और डॉ. नामवर सिंह जैसे रचना में इतिहास की द्वन्द्वात्मक चेतना को पहचाननेवाले मर्मी समीक्षक दोनों का भाषिक-विश्लेषण पर बल देना इस बात का प्रमाण है कि रचना की मूल संवेदना को पहचानने के लिए भाषिक-विश्लेषण ही सर्वाधिक विश्वसनीय आधार है। हमारा विश्वास है कि आगे चलकर वस्तुवादी और रूपवादी समीक्षा-दृष्टियों का भेद मिट जाएगा और एक शब्दार्थ मीमांसावादी समग्र दृष्टि विकसित होगी जो रचना की सापेक्ष्य स्वायतता स्वीकार करके उसमें निहित भावबोध की व्याख्या करने में समर्थ होगी।

◆◆